그노의 감성 양모펠트

| 만든 사람들 |

기획 실용기획부 | **진행** 윤지선·추윤영 | **집필** 박근호 | **편집·표지 디자인** D.J.I books design studio 류혜경 | **사진촬영** 강태중

| 책 내용 문의 |

도서 내용에 대해 궁금한 사항이 있으시면
저자의 홈페이지나 아이생각 홈페이지의 게시판을 통해서 해결하실 수 있습니다.

아이생각 홈페이지 www.ithinkbook.co.kr
아이생각 페이스북 www.facebook.com/ithinkbook
디지털북스 카페 cafe.naver.com/digitalbooks1999
디지털북스 이메일 digital@digitalbooks.co.kr
저자 이메일 guno9716@naver.com

| 각종 문의 |

영업관련 hi@digitalbooks.co.kr
기획관련 digital@digitalbooks.co.kr
전화번호 (02) 447-3157~8

그노의
감성 양모펠트

박근호 저

Contents

PART 5　반려동물 인형 만들기　128

PART 6　동물 인형 만들기　166

이 책을 보는 방법

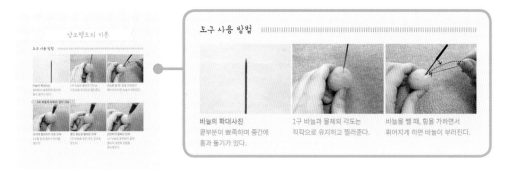

도구 사용 방법

바늘의 확대사진
끝부분이 뾰족하며 중간에 홈과 돌기가 있다.

1구 바늘과 물체의 각도는 직각으로 유지하고 찔러준다.

바늘을 뺄 때, 힘을 가하면서 휘어지게 하면 바늘이 부러진다.

❶ 기본 도구 사용법을 배워요

인형을 만들기 위해 기본적으로 사용하는 니들펠트용 바늘의 특징과 사용법을 숙지해주세요. 초보자에게 시행착오가 생기는 부분이 도구가 부러지는 경우인데, 주의사항을 이해하고 작업하면 인형 작업에 도움이 됩니다.

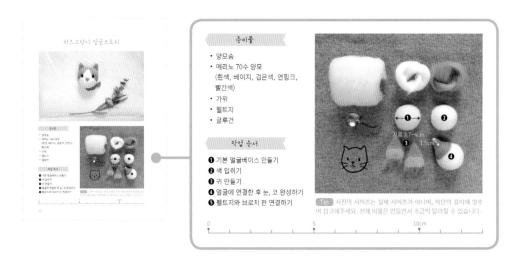

준비물

- 양모솜
- 메리노 70수 양모
  (흰색, 베이지, 검은색, 연핑크, 빨간색)
- 가위
- 펠트지
- 글루건

작업 순서

❶ 기본 얼굴베이스 만들기
❷ 색 입히기
❸ 귀 만들기
❹ 얼굴에 연결한 후 눈, 코 완성하기
❺ 펠트지와 브로치 판 연결하기

지름 3.7~4cm
1.5cm

Tip 사진의 사이즈는 실제 사이즈가 아니며, 하단의 길이에 맞추며 참고해주세요. 전체 비율은 만들면서 조금씩 달라질 수 있습니다.

0   5   10cm

❷ 인형의 과정샷과 작업순서, 치수를 보며 만들어요.

인형을 만드는 순서를 한눈에 볼 수 있게 과정샷과 세부 치수가 나와 있습니다. 실제 인형치수는 아래 하단의 자를 이용해서 확인하며 만들 수 있어요.

❸ **인형별 기본 도형을 이해하고 만들어요.**

각 인형별 기본 도형을 상부에 아이콘처럼 표시해두었어요. 도형으로 이해하고 접근하면 다양한 응용이 가능하므로 어렵게 느껴졌던 부분들이 쉽게 다가올 겁니다. 처음에는 쉬운 단계부터 만들어보세요.

몇 해 전 디자인 페어에서 양모펠트 인형을 처음 만났습니다. 짧은 시간이었지만 지나가던 발길을 멈추고 양모펠트 인형을 바라보며 강렬한 인상을 받았고 그때의 기억은 아직도 생생하게 남아있어요. 재료가 주는 포근하고 따뜻한 느낌, 캐릭터 인형 그 자체만으로 마음이 움직였고 그 순간부터 양모펠트의 매력에 빠지게 되었습니다.

양모펠트는 오로지 펠트용 바늘 하나만으로도 작품을 완성시킬 수 있어요. 펠트용 바늘로 천연양모를 찔렀을 때 양모가 서로 엉키면서 조금씩 형태를 만들어가는 원리의 공예입니다. 한두 번 찌르는 것으로는 형태가 완성되지 않고, 일정량을 뽑아서 뭉치고 찌르는 과정을 반복하다 보면 조금씩 단단한 형태로 변합니다. 양모펠트는 이러한 과정으로 만들어져요.

보송보송하고 부드러운 양모로 입체 인형을 만드는 작업방식이 조금 어렵고 인내심이 필요하기도 해요. 하지만 작업 중간에 조금씩 수정도 가능하고 형태를 만들어가면서 다듬을 수 있다는 장점이 있습니다. 기본 도구인 펠트용 바늘은 일반 바늘보다 뾰족하고, 끝단에 여러 홈과 돌기가 있어요. 이러한 특징은 양모와 마찰을 일으키며 엉키게 하는 역할을 합니다.

또한 접착제 없이 간단한 도구만으로 다양한 형태를 자유롭게 만들 수 있다는 특별한 장점을 지닙니다. 처음에는 마음과 달리 생각보다 양모의 형태가 잘 나오지 않아서 시행착오를 겪게 돼요. 하지만 작업을 하면서 점차 익숙해지면 다양한 형태로 만들 수 있게 되고 그때부터 양모펠트의 진짜 매력에 빠지게 됩니다.

이 책은 초보자부터 중급자까지를 대상으로 했으며 양모펠트 도구, 기본 설명 그리고 양모펠트 인형과 작품이 소개되어 있습니다. 책에 소개된 인형들의 기본적인 베이스 형태는 원형, 반구형, 원통형, 원뿔형, 삼각형으로 대부분 비슷합니다. 기본 베이스 형태는 조금씩 변형할 수 있고 응용이 가능해요. 기본적인 형태를 이해하고 만들면 조금 더 쉽게 접근할 수 있습니다.

또한 처음 시작하시는 분들은 양모의 양과 작품의 크기를 어느 정도로 해야 할지 가늠이 잘 안될 수 있어요. 그런 부분을 감안해서 인형의 크기와 만드는 과정을 한눈에 볼 수 있도록 체계적으로 정리했습니다. 도구의 사용법과 양모 다루는 법, 형태 만드는 법을 시작으로 차근차근 익혀보시길 바랍니다.

양모의 자연스러운 질감을 살려 입체 인형과 소품 그리고 반려동물 인형을 따뜻한 색과 특별한 감성으로 직접 만들어보는 소소한 즐거움을 느껴보세요.

박근호(그노)

늘 곁에서 주인바라기인 털뭉치들~
존재만으로도 사랑스러운 반려견 & 반려묘 브로치

재킷이나 가방에 달고 어디든 함께 다니며
나와 함께하는 사랑스럽고 고마운 아이들
치즈고양이 브로치 p55, 시바견 브로치 p64
조금씩 너를 완성해 가는 시간이 마냥 즐거워~

"콕콕콕"

내 마음에 단비가 되어줄 구름 모빌

"다비, 토토, 아폴, 코리"

알록달록하게 반겨줄 설렘 가득한 식탁
나에게 손짓하듯
오늘 하루는 어땠는지 물어주는 것 같아.

당근 p83, 브로콜리 p77, 수박 p87, 식빵 p72

너의 솜뭉치
너의 말랑말랑한 연분홍 젤리
생각만 해도 내 마음을 간지럽히는 것 같아.

고양이 발바닥 p50, 식빵고양이 p139

오늘도 나는 너의 매력에 빠지고 만다.
궁디팡팡~

고양이 궁디 마그넷 p59

미니 뮤뮤

때론 무심한 듯 바라보지만
우린 늘 너와 함께 할거야.
냐아옹~ 냐아아옹~

우리 비밀은 아주 단순해.

우리도 너를
매일 생각했어.
매일 좋아했어.
매일 보고 싶었어.

미니 뮤뮤 p98

화초 뮤뮤

꽃 보다 매력적인 냥이들
"우린 아늑한 공간이 좋아"

뮤뮤들 옹기종기 모여 꼬리 세우고 기분 좋은 듯
나에게 다가와
"Hello~"

고양이 뮤뮤 p130

여행과 여유

따뜻한 남쪽으로 여행 떠날 준비를 하는 페페

"밀짚모자 챙기고, 짐가방도 어서 챙기자!"

펭귄 페페 p105

페페 가족 모두 한자리에~

겨울을 준비한 페페 가족은 귀도리와 머플러, 털모자까지~

닥스훈트, 웰시코기 그리고 시바견

터벅터벅 집으로 돌아오는 길
널 생각하면 입가에 미소가 나도 모르게~
"누구보다 다정하게, 내 곁에 함께해줘~"

닥스훈트 p145, 웰시코기 p157, 시바견 p150

코알라 코코 & 라라

"오늘도 꿀잠이 필요한 하루"

코알라 코코 p168

곰돌씨

따뜻한 커피와 캐리어 끌고 어디론가 가는 길.
친구들과 함께 몸과 마음을 녹여줄 여행을 시작.
"함께 가자 친구야~!"

곰돌씨 p176

통통돼지

바삭하고 쫄깃한 통통돼지네 바게트 빵
"갓 구운 바게트 빵이 지금 나왔어요!"

통통돼지 p185

27

1

양모펠트의
기본

재료와 도구

양모펠트의 기본

양모펠트의 재료와 도구

❶ 베이스 울(양모솜)
기본 형태 및 인형을 만드는 베이스로 코리데일과 메리노의 중간 굵기. 빠르게 형태를 만들 때 가장 많이 사용한다.

❷ 메리노
부드러운 촉감이 특징. 베이스 울로 형태를 만들고, 그 위에 컬러별로 면, 부분 형태(팔, 다리)로 사용한다.

❸ 코리데일
양모의 굵기는 메리노, 베이스 울보다 굵으며 거칠어서 자연스러운 동물 표현에 적합하다. 코알라 인형(p168)에서 사용.

❹ 믹스
메리노의 3~4가지의 컬러를 섞어서 만든 것으로, 메리노의 단색보다 색감이 풍부해서 자연스러운 연출에 적합하다. 새모빌(p114)에서 사용.

❺ 스펀지
양모펠트를 작업하는 기본 작업대이며, 시중에 판매되는 스펀지의 컬러와 재질은 다양하다.

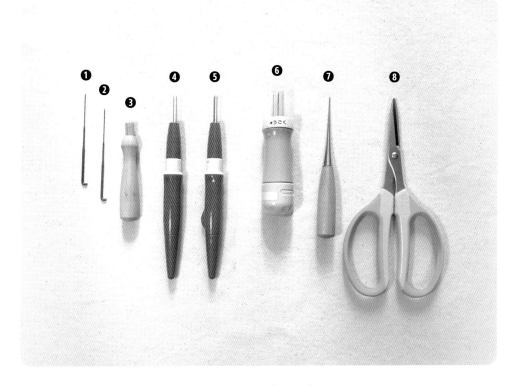

❶ 1구 바늘
양모솜을 고정하고 형태를 만드는 과정에서 빠르
고 단단하게 만들 때 사용한다.

❷ 1구 바늘(마무리용)
마무리 단계에서 인형의 눈과 코 작업 시 사용하
며, 표면의 잔털을 정리할 때 사용한다.

❸ 1구 바늘 손잡이
기존 1구 바늘에는 손잡이 부분이 없어서, 장시간
작업 시 끼워서 사용하면 편리하다.

❹ 2구 바늘
3구에서 1구 바늘을 하나 뺀 것으로, 동물 귀 부분
의 ―자나 표면의 잔털을 마무리할 때 사용한다.

❺ 3구 바늘
양모의 면이나 형태를 빠르게 다듬을 때 사용하며,
작업 시 찌르는 깊이를 조절하여 사용해야 한다.
(p34 참고)

❻ 5구 바늘
스펀지에서 넓은 면을 만들거나, 인형의 일정한 면
적을 균일하게 만들 때 사용한다.

❼ 송곳
인형 작업 시 양모펠트의 잔털을 긁거나 구멍을 내
어 표시할 때 사용한다.

❽ 공예용 가위
펠트지, 원단을 자를 때 용이하다.

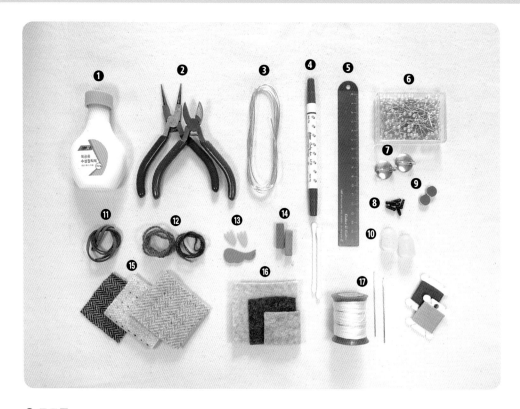

❶ 목공풀
나무, 종이, 천, 가죽에 사용되며, 인형에서는 플라스틱 눈을 붙일 때 이용한다. 강력 본드처럼 바로 붙지는 않지만, 건조 후 투명해진다.

❷ 니퍼, 롱로즈 플라이어
공예 철사를 구부리거나 자를 때 사용한다. 곰돌씨 가방(p183~184)에 사용.

❸ 공예 철사
일반 철사보다 유연하고 자유로운 형태로 만들기가 가능하며, 인형의 뼈대로 사용하기도 한다. 곰돌씨 가방(p183~184)에 사용.

❹ 기화성 펜
그린 후 시간이 지나면 지워지는 펜으로 인형의 눈이나 라인을 그릴 때 사용한다.

❺ 자
인형의 길이를 재거나 모직 원단, 펠트지의 길이를 잴 때 사용한다.

❻ 시침핀
인형 눈의 위치를 정하거나 부분을 고정해서 연결할 때 사용한다.

❼ 원형 브로치 판
동물 브로치 등 브로치 뒷면에 글루건으로 붙여서 사용한다.

❽ 플라스틱 눈
인형의 눈으로 사용하며, 송곳으로 구멍을 내고 목공풀을 이용해서 고정한다.

❾ 자석
마그넷을 만들 때 글루건으로 붙여서 사용한다. 궁디 마그넷(p59)에 사용.

❿ 실리콘 골무
작은 사이즈를 만들 때 손가락에 착용해서 사용한다.

⓫ 가죽끈
인형의 소품이나 다양한 장식에 사용한다. 곰돌씨 가방(p183~184)에 사용.

⓬ 털실
양모가 포함된 털실로 바늘로 찔렀을 때 함께 펠팅이 된다. 머플러나 끈으로 사용한다.

⓭ 펠트지
펠트지를 자르거나 재단해서 브로치나 펭귄 등 동물의 발바닥으로 사용한다.

⓮ 파스텔, 면봉
인형 볼 터치를 할 때 파스텔과 면봉을 사용한다.

⓯ 모직 원단
인형에 맞는 작은 패턴으로 옷이나 머플러에 사용한다.

⓰ 양모지
천연 양모펠트지로 자연스러운 느낌을 살리는 옷, 소품에 사용한다.

⓱ 실, 바늘
양모볼 모빌이나 구름 모빌을 만들 때 사용하거나 인형에서 몸통+머리를 연결할 때 사용한다.

양모펠트의 기본

도구 사용 방법 ||||||||||||||||||||||||||||||||||||||||||||||||||||||||||

바늘의 확대 사진
끝부분이 뾰족하며 중간에
홈과 돌기가 있다.

1구 바늘과 물체의 각도는
직각으로 유지하고 찔러준다.

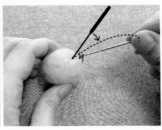

바늘을 뺄 때, 힘을 가하면서
휘어지게 하면 바늘이 부러진다.

3구 바늘의 찌르는 깊이 비교

초기에 뭉쳐지기 전의 단계
3구를 깊게 찔러서 부피를
줄인다.

중간 정도로 뭉쳐진 단계
3구 바늘을 중간 정도의 깊이로
넣는다.

단단하게 뭉쳐진 단계
3구 바늘로 끝부분만 살짝
찔러서 표면의 잔털을
정리해준다.

천연 양모를 다루는 방법 ||||||||||||||||||||||||||||||||||||||||||||||||||||||||||||

양모의 한쪽 끝부분을 살살
펼쳐준다.

한 손은 양모 전체를 잡아주고
다른 한 손은 펼쳐진 양모의
끝부분만 살짝 잡고 가볍게
뽑아준다.

양모를 잡는 손의 위치에 따라
양모를 뽑는 길이의 조절이
가능하다.

컬러를 두 가지 이상 섞을 때
조금씩 섞어가며 여러 번
교차해준다.

면으로 컬러를 섞을 때
가로, 세로로 얇게 깔면서
섞기도 한다.

소량을 섞을 때
양모를 조금씩 떼어 손으로 결을
비벼서 섞어준다.

양모솜 다루는 방법 (베이스 울) |||||||||||||||||||||||||||||||||||||||||||||

펼쳤을 때 양모솜의 모습

얇게 결대로 떼어낸다.

원하는 양만큼 양손으로 뜯는다.

덩어리 만들기 : 반구 형태 - 브로치를 만들 경우 ‖‖‖‖‖‖‖‖‖‖‖‖‖‖‖‖‖‖‖

일정한 양을 결대로 얇게 뜯어서
원하는 폭에 맞게 종이 접듯이
접어준다.

세로로 세워서 폭을 맞춰준다.

반구 형태의 폭을 기준으로
돌려가며 말아준다.

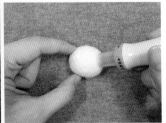

원하는 사이즈에 맞게
다 감아주고, 1구로 깊게 찔러서
풀리지 않도록 고정해준다.

반구 형태가 되도록 1, 3구
바늘로 찔러가며 부피를 줄이고
다듬어준다.

넓은 면은 5구로 찔러서 곡면이
되도록 다듬는다.

면 만들기 : 형태에 색을 입히거나 인형 옷, 소품으로 사용 ‖‖‖‖‖‖‖‖‖‖‖‖‖‖‖‖

양모를 일정한 면적에 맞춰
가로 ⇨ 세로 방향 순서로
깔아준다.

5구 바늘로 스펀지 위에서
전체 면을 균일하게 찔러준다.
두껍게 만들고 싶으면 쌓는
횟수를 늘려준다.

양모 면이 완성되면 잘라서
쓰거나, 그대로 형태에 붙여서
색을 입힌다.

동물 코 만들기 (고양이, 코알라)

고양이 코를 만들기 위해
빨강과 연핑크를 소량만 떼어서
손으로 비벼 섞어준다.

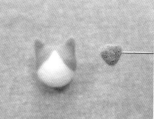

1, 3구로 얇게 찔러서 면을
만들고 작은 삼각형으로
완성한다.

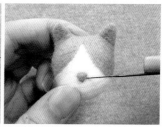

코의 테두리만 찔러가며 삼각형
사이즈를 조금씩 줄여서 붙인다.

강아지나 코알라 같은 경우,
단색일 때 소량의 양모를 떼어
3구로 면을 만든다.

코알라 코는 삼각형 모양으로
작게 접어주고 얼굴 위에
고정한다.

테두리를 찔러서 물방울 모양으로
만들어가며 붙여준다.

형태별로 구분한 인형

구분		종류
● + ◗	원형, 반구형	고양이 얼굴 브로치, 고양이 궁디 마그넷, 시바견 브로치
(원통형 도형)	원통형	강아지 몸통 부분, 곰돌씨, 통통돼지
(원뿔형 도형)	원뿔형	구름 모빌 물방울, 앉아있는 곰돌씨(몸통 부분), 펭귄 페페, 고양이 발바닥
(반달형 도형)	반달형	새모빌

기본 베이스를 만들 때 형태별
로 이해하면 조금 더 쉽게 만들
수 있다. 아래 목록에 없는 인형
은 기본 도형에서 추가되거나
여러 도형을 합한 형태이다.
각 인형에 쓰인 기본 도형은 만
드는 과정과 함께 볼 수 있다.

PART

2

모빌
만들기

양모볼 가렌드
구름 모빌

양모볼 가렌드

준비물

- 메리노 70수 양모
  (민트, 하늘색, 그레이)
- 실
- 바늘

작업 순서

❶ 양모볼 컬러별로 만들기
❷ 실, 바늘로 꿰매기

0　　　　　　　　　　5　　　　　　　　10cm

양모 뽑기 ‖‖

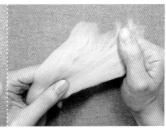

① 양모 끝부분을 살살 펼쳐준다. 한 손은 양모를 전체적으로 잡아주고 다른 한 손은 힘을 빼고 끝부분만 살짝 잡고 가볍게 뽑아준다.

양모 가로, 세로로 깔기 ‖‖‖‖‖‖‖‖‖‖‖‖‖‖‖‖‖‖‖‖‖‖‖‖‖‖‖‖‖‖‖‖

② 얇게 뽑은 양모는 작업대 면적만큼 가로로 깔아주고, 그 위에 세로로 깔아준다.

면 만들기 ‖‖

③ 5구로 가로, 세로로 만든 양모를 깊고 균일하게 찔러서 면을 만든다. 볼을 만들기 위해 한쪽 모서리부터 동그랗게 말아준다.

볼 만들기

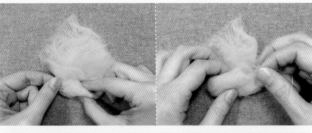

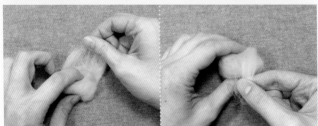

④ 동그랗게 말아주는 과정에서 가장자리에 겹치는 면들이 생긴다. 양모를 살살 풀어 결을 덮어주면서 하나로 모아준다.

Tip 결을 그대로 두면 표면에 라인이 생기므로 잘 덮어준다.

⑤ 가장자리까지 양모를 동그랗게 말아주고 남은 양모는 끝부분을 살살 풀어서 안쪽으로 당겨준다.

⑥ 끝부분이 풀리지 않도록 1구 바늘로 찔러서 고정하고, 가장자리에 남아있는 결을 덮기 위해 양모를 살살 풀어준다.

1구로 볼의 부피 줄이기

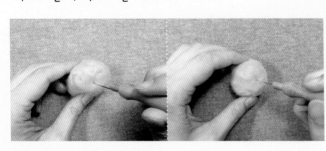

⑦ 반대편도 양모를 살살 풀어서 결을 덮고 1구로 고정한다. 바늘로 처음 눌렀을 때는 공의 형태가 단단하지 않기 때문에 1구로 깊게 찔러서 공을 돌려가며 부피를 줄여준다.

3, 5구로 볼의 부피 줄이기

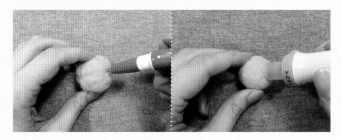

⑧ 1구로 부피를 조금 줄이고, 3, 5구 바늘로 공을 돌려가며 찔러서 볼을 만든다. 이때 딱딱할 때까지 찌르는 게 아니라, 공의 형태만 동그랗게 다듬는다는 생각으로 찔러준다.

볼 연결하기

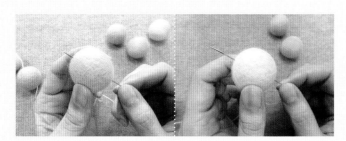

⑨ 볼을 컬러별로 만든 후, 실과 바늘로 꿰매서 가렌드로 완성한다.

구름 모빌

- 양모솜
- 메리노 70수 양모
  (민트, 하늘색, 연파란색,
  연그레이파란색)
- 펠트지
- 글루건

작업 순서

❶ 베이스 물방울 만들기
❷ 물방울 색 입히기
❸ 구름 펠트지 바느질
❹ 물방울 달기
❺ 솜 넣기
❻ 펠트지 바느질

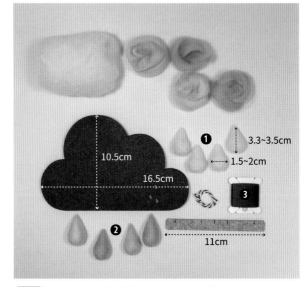

10.5cm
16.5cm
❶
3.3~3.5cm
1.5~2cm
3
❷
11cm

Tip 구름 모양은 재단된 펠트지를 사용한다.

0   5   10cm

기본 도형 🔺 + 🔻 = 💧

구름 펠트지 준비

① 펠트지로 구름 모양을 미리 재단해둔다. 모빌로 사용하기 위한 끈은 미리 매듭을 지은 후 다른 펠트지 조각에 끼워서 준비한다. 글루건으로 매듭 끈을 끼운 펠트지를 구름 모양 펠트지에 붙인다.

② 글루건으로 매듭 끈을 끼운 파란 펠트지를 구름 펠트지에 붙인다. 구름 모양 펠트지에 있는 물방울 구멍을 막기 위해 글루건으로 다른 천을 안쪽에 붙인다. (물방울 구멍이 없는 경우, 이 과정은 생략해도 된다.)

구름 펠트지 바느질하기

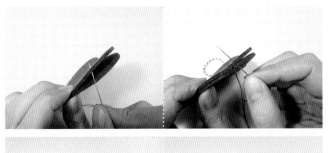

③ 같은 모양으로 재단한 구름 한 쪽을 겹치고 펠트지 왼쪽부터 바느질을 해준다. 처음에는 매듭이 안쪽으로 들어가도록 안에서부터 바느질을 시작한다.

④ 아랫면만 남긴 후, 구름 모양 펠트지를 바느질한다.

물방울 만들기

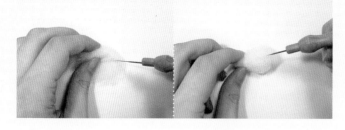

⑤ 소량의 양모솜을 원뿔 형태로 뜬 후 삼각형으로 접어 말아준다. 끝부분이 풀리지 않도록 1구로 고정하고 물방울 아랫면은 양모의 결을 안쪽으로 당겨서 고정해준다.

물방울 색 입히기

⑥ 3구로 아랫면부터 찔러가며 부피를 줄여서 물방울 모양으로 다듬어준다. 민트색 양모 소량을 가로, 세로로 깔아서 면을 만든다.

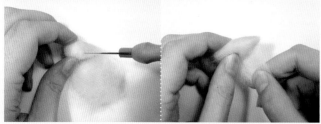

⑦ 시작 부분을 1구로 찔러서 고정하고, 물방울 형태로 당겨가며 감싸준다.

⑧ 끝부분을 1구로 고정해주고, 물방울 아래도 1구로 가장자리 양모를 찔러서 정돈한다.

⑨ 3구로 전체 물방울 형태의 양모를 돌려가며 민트색을 입혀준다. 물방울 위쪽의 뾰족한 부분은 2, 3구로 다듬는다.

⑩ 4가지 물방울에 각각 다른 색을 입히고, 물방울 아래부터 바느질한다.
물방울 아랫부분은 실을 두세 번 매듭지어 빠지지 않도록 한다.

물방울 달기

⑪ 물방울을 긴 직사각형 펠트지에 실로 묶고, 높이는 묶으면서 조절한다. 물방울을 매단 그레이 펠트지를 구름 펠트지 안쪽에 넣고 글루건으로 살짝 붙인다.

솜, 바느질로 마무리

⑫ 구름 펠트지 안에 솜을 넣어서 채워주고, 펠트지 밑을 바느질해서 마무리한다.

고양이 발바닥

준비물

- 양모솜
- 메리노 70수 양모
  (베이지, 흰색, 연핑크, 주황색)
- 실

작업 순서

❶ 기본 몸통 베이스 만들기
❷ 베이지색 입히기
❸ 고양이 발라인 넣기
❹ 줄무늬 넣기

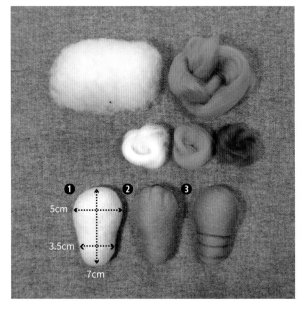

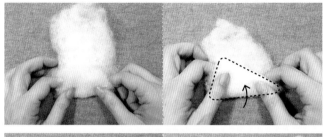

기본 도형

기본 몸통 베이스 만들기 ||||||||||||||||||||||||||||||||||||||||||||||||||||

① 베이스 양모를 적당히 뜯어서 고양이 발 크기에 맞게 삼각형으로 기준을 잡고 말아준다.

Tip 세로 길이 : 6~7cm

② 양모 끝부분을 잡아서 1구 바늘로 고정하고, 양쪽 끝단의 결을 잡아당겨서 덮는다. 1구 바늘로 찔러서 동그란 형태로 고정한다.

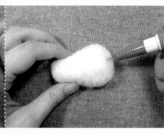

③ 고양이 발 모양으로 부피를 줄여가며 1, 3구 순서로 찔러서 모양을 다듬는다.

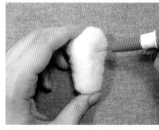
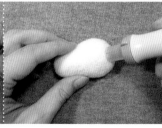

④ 발바닥의 아랫면은 3, 5구 바늘로 평평하게 다듬는다.
발바닥의 윗면은 5구 바늘로 동글동글하고 볼록하게 모양을 잡는다.

고양이 발바닥 색 입히기

⑤ 베이지색 양모를 완성된 발 형태의 세로 폭에 맞춘다. 발의 시작 부분에 찔러서 고정한다.

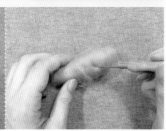

⑥ 처음 고정한 부분을 손으로 살짝 누른 채 베이지 양모로 전체를 감싸주고, 끝부분을 1구 바늘로 찔러서 고정한다.

⑦ 가장자리의 양모를 1구로 찔러서 붙인다. 1구로 베이지 양모 전체를 듬성듬성 찔러서 고양이 발 형태를 만든다.

고양이 발 라인 넣기

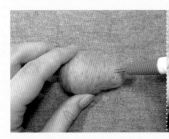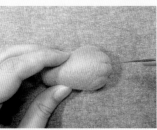

⑧ 전체 앞면과 뒷면을 3구 바늘로 찔러가며 색을 입힌 후, 앞부분의 중간을 1구 바늘로 찔러서 발 라인을 넣어준다.

고양이 발바닥 만들기

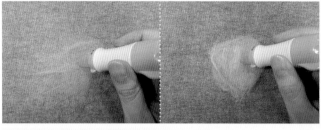

⑨ 연핑크와 흰색 양모를 가로, 세로로 얇게 깔아서 5구로 발바닥 면을 만들어준다.

⑩ 색을 혼합해서 만든 면을 삼각형 모양으로 소량만 잘라준다.

고양이 발바닥 붙이기

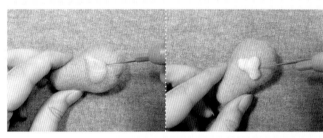

⑪ 작은 삼각형 형태로 접은 후, 꼭짓점 3군데를 찔러서 고정한다.

⑫ 삼각형 테두리 라인 중앙부분을 1구로 얇게 찔러가며 면적을 안쪽으로 넣어준다. 동그란 발바닥은 소량만 떼어 작은 타원형으로 만든 후, 테두리를 얇게 찔러가며 붙인다.

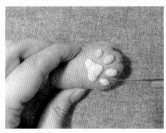

⑬ 동그란 발바닥 양끝은 조금 작게, 안쪽은 약간 크게 만들어서 완성한다. 1구로 테두리만 찔러서 발바닥이 도톰하게 돌출되도록 한다.

줄무늬 넣기 ||||||||||||||||||||||||||||||||||||||||||||||||||||||||||||||||||||||||||||||||||||||||||

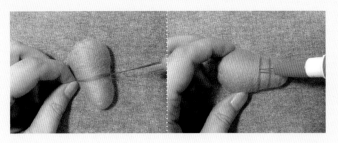

⑭ 주황색 양모를 실처럼 얇게 떼어서 한쪽 부분을 1구로 찔러서 고정하고, 살짝 당겨서 반대편도 고정한다.
2구 바늘로 줄무늬 부분이 ㅡ자가 되도록 살살 찔러서 마무리한다.

치즈고양이 얼굴브로치

- 양모솜
- 메리노 70수 양모
  (흰색, 베이지, 검은색,
  연핑크, 빨간색)
- 가위
- 펠트지
- 글루건

작업 순서

❶ 기본 얼굴 베이스 만들기
❷ 색 입히기
❸ 귀 만들기
❹ 얼굴에 연결한 후 눈, 코 완성하기
❺ 펠트지와 브로치 판 연결하기

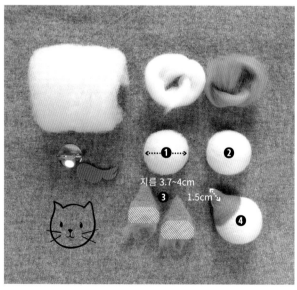

지름 3.7~4cm

1.5cm

Tip 사진의 사이즈는 실제 사이즈가 아니며, 하단의 길이를 참고하여 맞춰주세요. 전체 비율은 만들면서 조금씩 달라질 수 있습니다.

0   5   10cm

기본 도형 ● + ▲▲ = 🐱

기본 얼굴 베이스 만들기 ‖‖

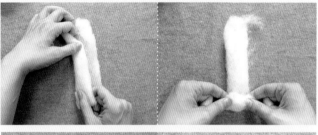

① 베이스 양모를 얼굴 폭에 맞게 세로로 길게 접는다. 얼굴 사이즈를 기준으로 잡고 돌돌 만다.

Tip 얼굴 폭 : 4cm 내외

② 얼굴 형태가 커지게 되면 중간에 양모 베이스를 떼어낸 후, 1구 바늘로 중앙과 측면을 고정하고 부피를 반구 형태로 찔러가며 줄인다.

③ 처음에는 1구 바늘을 깊게 찔러서 부피를 줄이고, 표면은 3구 바늘로 찔러가며 반구 형태로 모양을 잡는다.

Tip 베이스 형태가 너무 단단해지지 않도록 바늘 깊이를 조절하며 찌른다.

베이스에 색 입히기 ‖‖

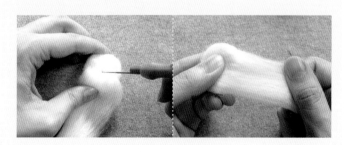

④ 얼굴에 흰색 양모의 시작 부분을 1구 바늘을 이용해 가로 방향으로 고정한다. 양모를 얼굴에 밀착하여 돌돌 감싼다.

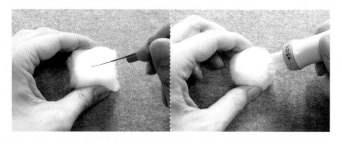

⑤ 밀착한 흰색 양모의 끝부분과 가장자리를 1구 바늘로 고정한다. 표면은 3, 5구 바늘로 찔러서 베이스에 붙이며 모양을 완성한다.

Tip 1구 - 3구 - 5구 바늘 순서로 사용하며 흰색 양모를 붙여준다.

고양이 귀 만들기

⑥ 베이지 양모를 얇게 뽑아서 가로, 세로 순서로 깔고 직사각형의 면을 만든다.

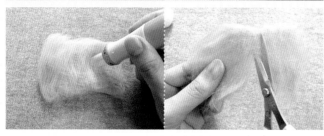

⑦ 5구 바늘로 베이지 양모를 찔러서 얇은 면을 만들어주고, 가위로 정사각형이 되도록 중앙부를 자른다.

고양이 귀 삼각형으로 접기

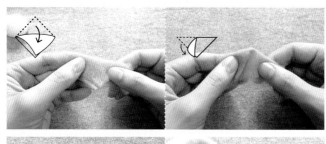

⑧ 정사각형의 베이지 면을 대각선으로 접어서 삼각형으로 만든다. 다시 반으로 접어 만든 작은 삼각형을 그대로 돌려서 1구 바늘로 중앙을 고정한다.

Tip p131~132 ③~⑦번 고양이 귀 만들기 참고

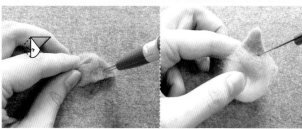

⑨ 삼각형의 접은 면은 끝부분만 5구, 3구 바늘로 찔러서 귀의 형태를 두툼하게 마무리한다. 얼굴 베이스에 귀를 붙여가며 고정한다.

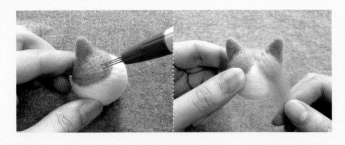

⑩ 귀 아랫부분의 베이지는 반원의 형태로 얼굴에 붙여서 찔러주고, 반대편 귀도 마찬가지로 붙인다.
베이지의 가장자리는 얇게 뽑아서 라인으로 덮어가며 1구로 찔러서 깔끔하게 마무리한다.

눈, 코 작업으로 마무리하기 ||||||||||||||||||||||||||||||||||||||||||||||||||||||||||||||||||||||||

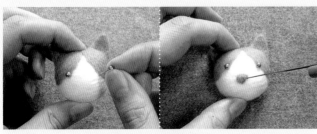

⑪ 시침핀으로 눈의 위치를 수평에 맞게 표시한다. 연핑크와 빨간색 양모를 소량 섞어서 작은 삼각형 모양으로 만든 후에 테두리만 찔러서 얼굴에 붙인다.

⑫ 검정색 양모 소량을 집고, 손끝을 사용하여 쌀알 크기만 한 타원형으로 동그랗게 만든다. 그 후, 눈 위치에 테두리를 찔러서 붙인다. 글루건으로 펠트지 머플러와 브로치 판을 붙여 마무리한다.

고양이 궁디 마그넷

준비물

- 양모솜
- 메리노 70수 양모
  (베이지, 주황색, 빨간색)
- 자석 • 펠트지 • 글루건

작업 순서

❶ 기본 엉덩이 베이스 만들기
❷ 베이지색 입히기
❸ 다리, 꼬리 만들기
❹ 다리와 꼬리 연결하기
❺ 줄무늬 넣기
❻ 자석, 펠트지 붙이기

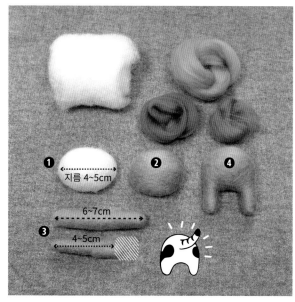

❶ 지름 4~5cm
❷
❹
❸ 6~7cm
4~5cm

0   5   10cm

기본 도형 ●+||=🐘

기본 엉덩이 베이스 만들기 ||||||||||||||||||||||||||||||||||||||||||||||||||||||||||

① 베이스 양모를 적당히 뜯어서 엉덩이 폭에 맞게 세로로 길게 접고 시작 기준 폭을 잡는다.

Tip 엉덩이 폭 : 4~5cm

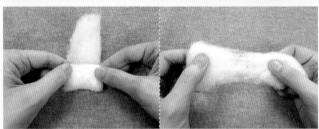

② 폭에 맞게 말아주고 사이즈가 커지면 끝부분의 양모를 떼어낸다.

③ 1구 바늘로 베이스 양모의 끝부분을 찔러가며 고정한다.
측면의 끝단을 양쪽으로 살짝 당겨서 덮는다.

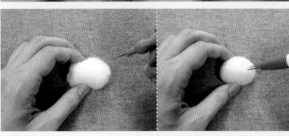

④ 끝단 양쪽을 1구 바늘로 찔러 부피를 줄여가며 타원형으로 만든다. 3, 5구 바늘로 타원형의 반구 형태를 찔러서 단단하게 만든다.

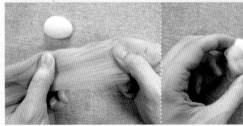

⑤ 베이지색 양모를 엉덩이 베이스 폭에 맞게 길게 뽑아서 뒷면에 붙이고, 시작 부분을 1구로 찔러서 고정한다.

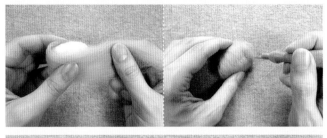

⑥ 뒷면의 시작 부분을 잡고 나머지 베이지색 양모를 당겨서 전체를 감아준다.
베이지색 양모 끝부분을 1구 바늘로 찔러서 고정한다.

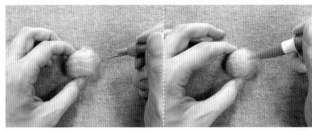

⑦ 1구 바늘로 전체 베이스를 듬성듬성 찔러주고, 3구와 5구 바늘로 타원형의 반구 형태를 따라 찔러서 베이스에 붙인다.

고양이 다리 만들기 ||||||||||||||||||||||||||||||||||||||||||||||||||||||||||||||||||||

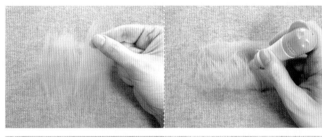

⑧ 베이지색 양모를 가로, 세로로 고양이 다리 길이에 맞게 깐다. 5구 바늘로 찔러서 면을 만든다.

Tip 고양이 다리 길이 : 5~6cm

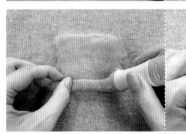

⑨ 다리 길이에 맞게 처음부터 가로로 당겨서 말아주고, 5구 바늘로 찔러가며 다리를 단단하게 완성한다.
다리의 두께는 몸의 비율에 맞춘다.

⑩ 다리 끝부분을 3구 바늘로 찔러서 둥글게 다듬는다.

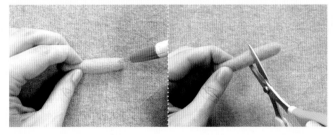

다리 연결하기 ||||||||||||||||||||||||||||||||||||||||||||||||||||||

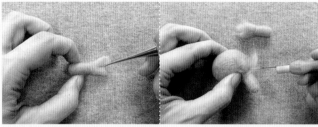

⑪ 송곳으로 다리의 끝부분을 살살 긁어서 펼쳐준다. 준비된 다리를 엉덩이 베이스 부분에 밀착하여 1구 바늘로 고정한다.

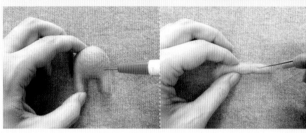

⑫ 양쪽 다리를 연결하고 3구 바늘로 주변 베이스를 함께 찔러서 자연스럽게 다듬는다.
꼬리는 다리와 같은 방법으로 하되, 양모의 양을 적게 하여 얇게 만든다.

꼬리 만들어서 줄무늬 넣기 ||||||||||||||||||||||||||||||||||||||||||||||

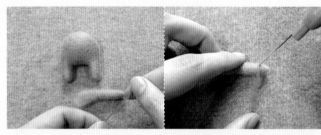

⑬ 주황색 양모를 가늘게 뽑는다. 1구 바늘로 줄무늬의 시작 부분을 찔러 고정한다.

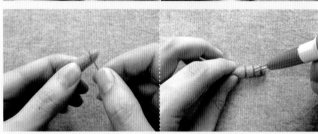

⑭ 줄무늬를 꼬리 두께에 맞게 원형으로 돌려서 끝부분을 다시 1구 바늘로 고정하고, 나머지 줄무늬도 동일한 방법으로 넣는다. 2구 바늘을 일자 형태로 돌려가며 찔러서 고정한다.

⑮ 완성된 꼬리는 엉덩이에 연결할 부위를 송곳으로 긁어 잔털을 뽑고 펼쳐준다. 1구 바늘을 사용해 꼬리를 몸통에 고정한다.

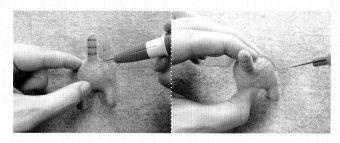

⑯ 3구로 꼬리 주변과 몸통 베이스를 함께 정리한다. 등 부분에 넣을 줄무늬를 위해 주황색 양모를 가늘게 뽑는다. 첫 부분을 1구로 찔러서 고정하고 살짝 당겨서 반대편에 고정한다.

등 줄무늬 넣기 |||||||||||||||||||||||||||||||||||||||||||||||||||||||||||||||||||||||||||||

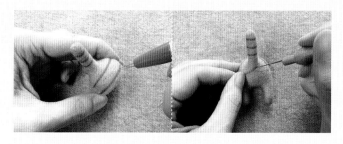

⑰ 2줄로 무늬를 넣어주고 2구 바늘로 무늬를 살살 찔러서 몸통에 고정한다.
붉은색 양모를 가늘게 뽑아 꼬리 아래에 x자로 찔러서 똥꼬를 표현한다.

마그넷 붙여서 마무리 |||||||||||||||||||||||||||||||||||||||||||||||||||||||||||||||||||||||

⑱ 완성된 엉덩이 뒷면에 글루건으로 자석을 먼저 붙인다. 그 위에 펠트지를 원형으로 잘라 붙여서 마무리한다.

시바견 브로치

준비물

- 양모솜
- 메리노 70수 양모
  (베이지, 흰색, 브라운, 검은색)
- 펠트지
- 글루건

작업 순서

❶ 기본 베이스 만들기
❷ 입 베이스 만들기
❸ 얼굴 + 입 연결하기
❹ 베이지색 입히기
❺ 얼굴에 귀 연결하기
❻ 입 주변에 흰색 면 입히기

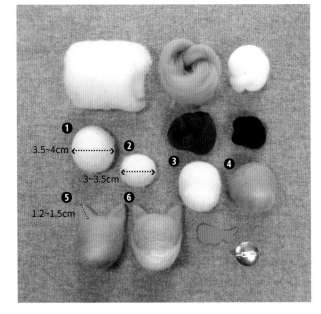

3.5~4cm
3~3.5cm
1.2~1.5cm

0   5   10cm

기본 도형
(정면 : 측면)

기본 얼굴 베이스 만들기 ||||||||||||||||||||||||||||||||||||||||||||||||||||||||||

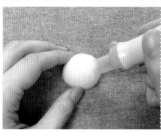

① 베이스 양모를 얼굴 폭에 맞게 세로로 길게 접고 얼굴 사이즈를 기준으로 잡은 후, 돌려서 말아준다.

Tip 얼굴 폭 : 4cm 내외

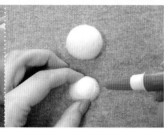

② 1, 3, 5구를 이용해서 얼굴을 반구 형태로 만든다. 얼굴보다 작은 반구 형태로 입 부분을 만들어준다.

기본 얼굴 베이스 연결하기 ||||||||||||||||||||||||||||||||||||||||||||||||||||||||||

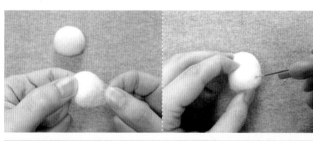

③ 입 부분의 아래 양모를 살살 펼쳐주고, 얼굴의 아랫면에 맞춰서 1구로 찔러 고정한다.

④ 테두리 부분을 1구로 돌려가며 대각선 방향으로 찔러서 고정해준다.

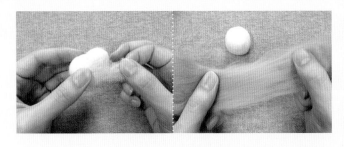

⑤ 얼굴과 입의 연결 부분에 약간 파인 곳이 있다면, 양모솜을 얇게 뽑아 테두리 부분에 돌려서 감고 1, 3구로 균일하게 다듬어 붙인다.
베이지를 얼굴 폭에 맞게 뽑아준다.

베이지색 입히기 |||||||||||||||||||||||||||||||||||||||||||||||||||||||||||||||||||||

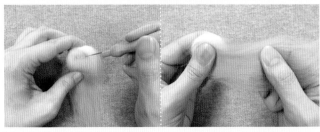

⑥ 얼굴 뒷면에 시작 부분을 찔러서 고정해주고, 베이지 양모를 얼굴에 밀착해서 감아준다.

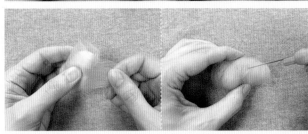

⑦ 베이지 양모를 감고, 끝부분이 풀리지 않도록 1구로 찔러서 고정해준다.

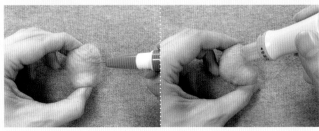

⑧ 얼굴 전체는 1, 3구로 균일하게 찔러서 색을 입히고, 넓은 면은 5구로 다듬어준다.

귀 만들기 ||||||||||||||||||||||||||||||||||||||||||||||||||||||||||||||||||||||||||||||||||||

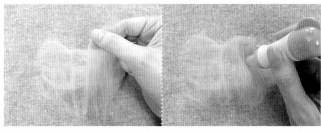

⑨ 귀를 만들기 위해 베이지를 가로, 세로로 얇게 직사각형으로 깔아주고 5구로 찔러서 면을 만들어준다.

Tip p131~132 ③~⑦번 고양이 귀 만들기 참고

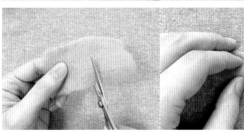

⑩ 가위로 얇게 만든 면의 반을 잘라서 사각형을 만든다. p54 고양이 귀 만들기를 참고해서 정삼각형 모양의 귀를 만든다.

귀 연결하기 ||||||||||||||||||||||||||||||||||||||||||||||||||||||||||||||||||||||||||||||||||||

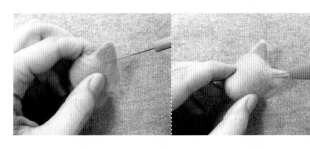

⑪ 귀의 아랫면 양모를 살살 펼친 뒤 1구로 찔러서 얼굴에 고정하고, 3구로 균일하게 붙여준다.

흰색 면 만들기 |||||||||||||||||||||||||||||||||||||||||||||||||||||||||||||||||||||||||||||||||

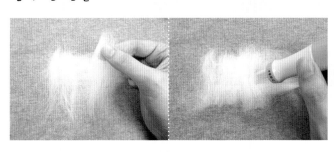

⑫ 흰색 양모를 얇게 가로, 세로로 깔고 5구로 면을 만들어준다.

흰색 면 입히기

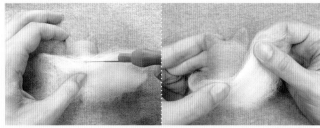

⑬ 흰색 양모를 입 부분을 중심으로 맞춰서 1구로 고정해주고, 얼굴 측면에서 뒷면까지 당겨서 덮는다.

⑭ 측면의 흰색 양모는 1구로 붙여주고, 나머지 부분은 3, 5구로 찔러서 얼굴에 흰색 면을 입힌다.

귀에 색 입히기

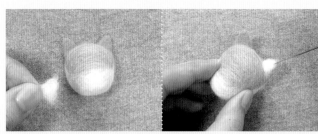

⑮ 흰색 양모 면을 삼각형으로 얇게 접고, 1구로 귀의 안쪽 부분에 찔러서 고정해준다.

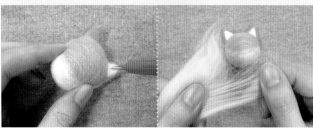

⑯ 흰색 테두리는 1구로 고정하고 안쪽은 3구로 찔러서 귀에 붙인다. 소량의 연베이지색 양모를 얇게 뽑은 후 가로 방향으로 얼굴에 살짝 얹어준다. 흰색의 입부분을 제외한 베이지 부분에 얹는다.

코 연결하기

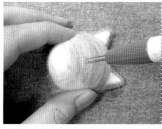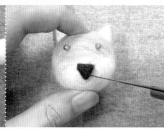

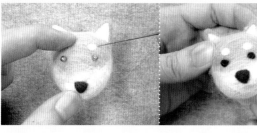

⑰ 얼굴 위 양모를 2, 3구로 얇게 찔러서 자연스러운 컬러가 되도록 다듬어준다.
코는 소량의 갈색 양모를 삼각형으로 만들어서 붙이고 시침핀을 눈 위치에 고정한다.

⑱ 눈썹은 흰색 양모를 타원형으로 만든 뒤 찔러서 만들어주고, 눈은 소량의 검정색을 동그랗게 뭉쳐서 붙여준다. 머플러 펠트지와 브로치 판으로 마무리한다.

PART
4
몸통 인형
만들기

푸드 캐릭터 식빵

준비물

- 양모솜
- 메리노 70수 양모
  (베이지, 연베이지, 주황색)
- 파스텔
- 면봉

작업 순서

❶ 기본 몸통 베이스 만들기
❷ 베이지 양모로 면 감싸기
❸ 식빵 테두리 색 입히기
❹ 팔, 다리 만들기

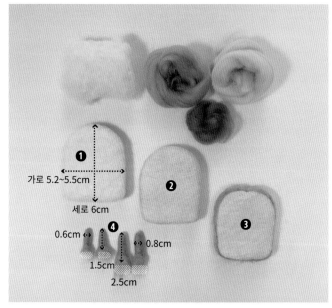

❶ 가로 5.2~5.5cm
세로 6cm
❷
❸
❹ 0.6cm 0.8cm
1.5cm
2.5cm

0   5   10cm

기본 도형 　▨　+　⌂　+　▥　=　♛

기본 몸통 베이스 만들기 |||||||||||||||||||||||||||||||||||||||||||||||||||

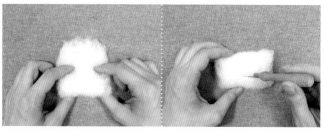

① 베이스 양모를 적당히 뜯어서 가로 폭에 맞게 접어주고 끝부분을 1구로 고정한다.

Tip 가로 폭 : 5~6cm

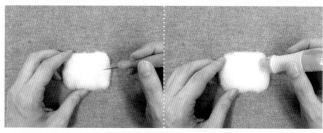

② 양측 가장자리를 안쪽으로 접어서 고정하고 5구 바늘로 납작하게 찔러준다.

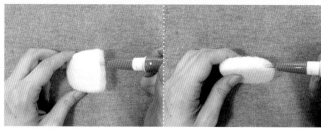

③ 테두리 전체를 3구 바늘로 다듬으면서 부피감있게 만들어준다.

기본 베이스 색 입히기 |||||||||||||||||||||||||||||||||||||||||||||||||||

④ 식빵의 베이스에 연베이지색 양모를 가로 방향으로 두고 1구로 고정한다. 나머지를 전체에 감아 고정한다.
양쪽 가장자리 양모도 측면에 찔러서 붙인다.

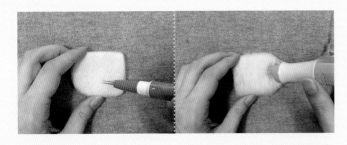

⑤ 식빵 베이스에 3, 5구 바늘을 이용해 넓은 면과 측면을 연베이지가 다 덮이도록 찔러서 붙인다.

테두리 면 만들기 ||||||||||||||||||||||||||||||||||||||||||||||||||||||||||||||||

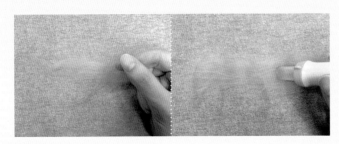

⑥ 베이지색 양모와 주황색 양모를 가로, 세로로 얇게 깔아 가로로 긴 면을 만든다.

베이스에 테두리 면 붙이기 ||||||||||||||||||||||||||||||||||||||||||||||||||

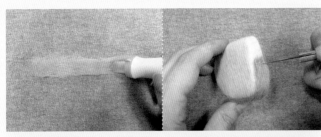

⑦ 가로로 긴 면을 베이스 테두리 길이와 두께에 맞게 5구 바늘로 준비한다. 식빵의 몸통 아랫면에 시작 부분을 1구로 찔러서 고정한다.

⑧ 베이스 전체 테두리를 덮어 고정하고, 2, 3구 바늘로 찔러서 베이스에 붙여준다.

⑨ 테두리 측면을 찔러서 붙이고, 식빵 윗부분에 1, 2구 바늘로 찔러서 라인을 만들어준다.

식빵 팔, 다리 만들기

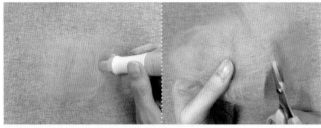

⑩ 베이지 양모를 가로와 세로 방향으로 얇게 순서대로 깔고 5구로 면을 만든다. 면이 완성되면 4등분으로 잘라준다.

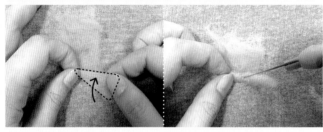

⑪ 팔, 다리 폭에 맞게 면을 맞추고, 시작 부분을 긴 삼각형으로 접는다. 삼각형을 잡아당기듯 말아가며 1구 바늘로 찔러준다.

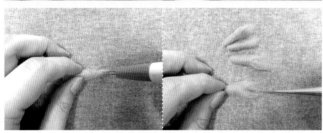

⑫ 팔, 다리의 두께는 2구 바늘로 다듬으면서 얇고 짧게 만들어준다. 붙이기 전에 송곳으로 끝단 부분을 긁어서 잔털을 펼쳐준다.

식빵 팔, 다리 연결하기

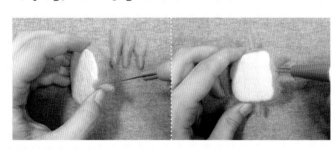

⑬ 베이지 양모 테두리에 팔을 연결하고, 다리도 붙인다.
좁은 면에서는 2구 바늘로 나머지 양모를 붙인다.

눈, 입 넣어주기

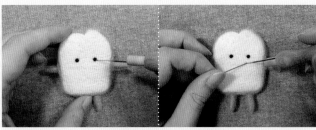

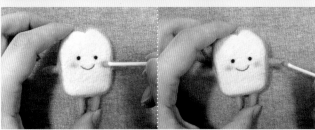

⑭ 먼저 시침핀으로 눈의 위치를 확인하고, 소량의 검정색만 뜯어서 쌀알 사이즈 만하게 만들어 1구 바늘로 찔러서 붙인다. 입 라인은 갈색을 실처럼 뽑아서 찔러가며 완성한다.

⑮ 면봉에 파스텔(주황, 빨간색)을 묻혀서 볼에 살짝 발라주고, 팔과 다리 끝에도 살짝 넣어준다.

푸드 캐릭터 브로콜리

준비물

- 양모솜
- 메리노 70수 양모
  (초록색, 연두색, 민트)

작업 순서

❶ 기본 베이스 머리, 몸통 만들기
❷ 베이스 연결하기
❸ 팔, 다리 만들기
❹ 머리 부분 격자라인 넣기
❺ 팔, 다리 연결하기

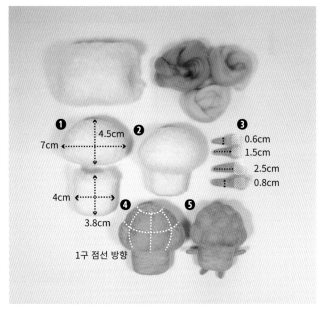

❶ 7cm 4.5cm ❷ ❸ 0.6cm / 1.5cm / 2.5cm / 0.8cm
4cm 3.8cm ❹ ❺
1구 점선 방향

0   5   10cm

기본 도형

기본 베이스 몸통 만들기

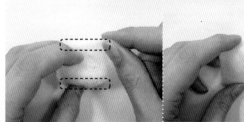

① 베이스 양모를 적당히 뜯어서 가로 폭에 맞게 접어주고 끝 부분을 1구로 고정한다.

Tip 가로 폭 : 3.5~4cm

② 가장자리 한쪽의 결을 가운데 오도록 양쪽을 동일하게 당겨서 덮고 1구 바늘로 찔러서 고정한다.

③ 몸통 베이스가 중간 단계로 단단해지도록 3, 5구 바늘로 찔러가며 두께감있는 사각형 형태로 다듬어준다.

기본 베이스 머리 만들기

④ 삼각형의 면적으로 접어주고 부피감을 주기 위해 다시 2, 3번 같은 삼각형 사이즈를 유지하면서 두세 번 말아준다.

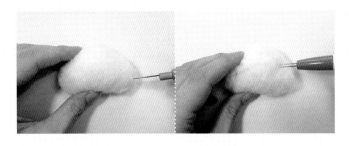

⑤ 베이스 끝부분을 찔러서 고정해주고, 3구 바늘로 삼각형 꼭짓점을 동그랗게 다듬어준다.

베이스 머리 + 몸통 연결하기 |||||||||||||||||||||||||||||||||||||||||||||||||||||

⑥ 3, 5구 바늘로 머리 베이스를 찔러가며 중간 단계로 단단해지도록 부피를 줄이고, 몸통의 가장자리 양모를 살살 풀어준다.

베이스 연결 후 이음매 다듬기 ||||||||||||||||||||||||||||||||||||||||||||||||

⑦ 1구 바늘로 연결 부분을 깊게 찔러가며 붙인다. 이음매 부분은 다시 3구 바늘로 찔러가며 다듬어준다.

면 만들기 ||||||||||||||||||||||||||||||||||||||||||||||||||||||||||||||||||||||||||

⑧ 초록색 + 연두색을 세로, 가로 방향으로 작업대에 조금씩 깔아준다. 마지막으로 아주 소량의 민트색을 깔아준다.

Tip 양모 비율 : 초록색 > 연두색 > 민트색

베이스에 색 입히기

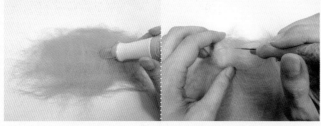

⑨ 5구 바늘로 전체를 찔러서 면을 만들어주고, 베이스 몸통에 면의 첫 부분을 찔러서 고정한다.

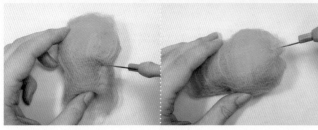

⑩ 베이스 몸통에 면을 당겨서 감싸고, 끝부분을 찔러서 고정한다. 가장자리도 1구로 찔러서 몸통에 다 붙인다.

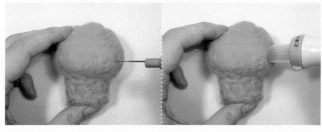

⑪ 1구 바늘로 몸통 전체의 면을 듬성듬성 찔러서 고정하고, 3, 5구 바늘로 전체 녹색면을 찔러서 몸통 베이스에 붙인다.

머리에 격자 라인 넣기

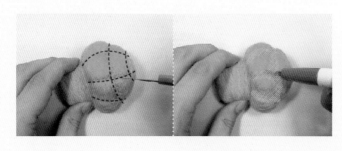

⑫ 반구 형태의 머리에 격자 무늬로 4등분한 후, 비율에 맞게 1구로 찔러서 라인을 넣어준다. 2구 바늘로 함께 찔러가며 라인을 깊게 만들어준다.

격자 부분 볼륨감 살리기

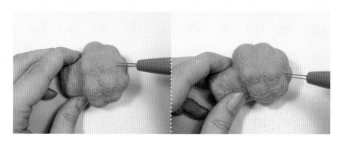

⑬ 3구 바늘로 격자 라인을 찔러 가며 넣어주고 볼륨감있게 볼록 볼록 다듬어준다.

팔, 다리 만들기

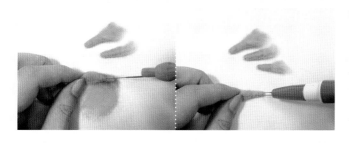

⑭ p79 ⑧번과 같은 방식으로 면을 만들고, 4등분해서 잘라준 다. 1, 2구 바늘로 찔러가며 팔은 조금 얇고, 다리는 약간 두껍게 만들어준다.

팔, 다리 연결하기

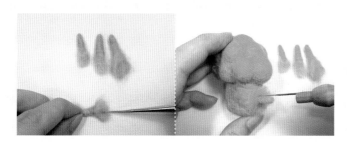

⑮ 연결할 팔과 다리 끝부분을 송곳으로 살살 펼쳐준다. 1구 바 늘로 몸통에 고정해서 붙이고, 나머지 잔털은 3구로 붙인다.

입 모양 만들기

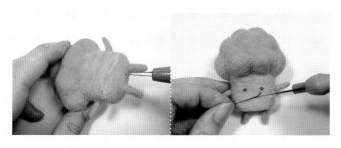

⑯ 팔, 다리를 붙인 부분의 잔털 은 2구 바늘로 얇게 찔러서 정리 해준다.
시침핀으로 눈의 위치를 지정하 고, 진갈색을 실처럼 뽑아서 1구 로 찔러 입 모양을 만들어준다.

입 모양 마무리, 눈 넣기 ||||||||||||||||||||||||||||||||||||||||||||||||||||||||||||||

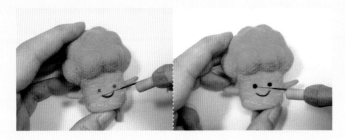

⑰ 입 모양 가장자리도 1구로 찔러서 넣어주고, 쌀알 사이즈의 검정색 양모를 모아서 1구 바늘로 눈을 넣어준다.

푸드 캐릭터 당근

준비물

- 양모솜
- 메리노 70수 양모
  (주황색, 다홍색, 녹색, 연두색)

작업 순서

❶ 기본 베이스 만들기
❷ 주황색 입히기
❸ 풀잎 만들기
❹ 팔 만들기

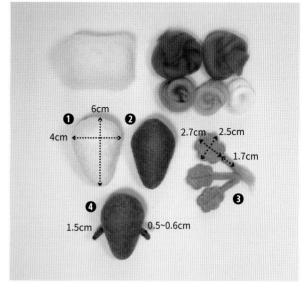

기본 당근 덩어리 만들기 |||||||||||||||||||||||||||||||||||||||||||||||||||||

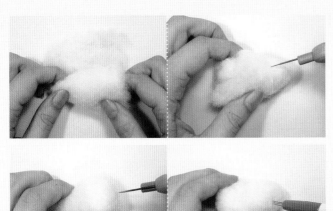

① 베이스 양모를 적당히 뜯어서 길이에 맞게 세로로 펼쳐주고 첫 부분을 삼각형으로 접어서 원뿔 형태로 돌돌 말아준다.

Tip 당근 길이 : 5.5~6cm

② 베이스 양모 끝부분을 찔러서 풀리지 않도록 고정한다. 가장자리 측면의 결을 당겨서 덮고 찔러준다. 1, 3구 바늘로 부피를 줄이며 전체 형태를 다듬는다.

기본 당근 덩어리 색 입히기 |||||||||||||||||||||||||||||||||||||||||||||||||||||

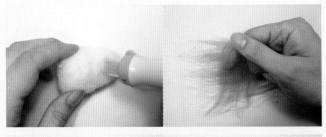

③ 넓은 면은 5구 바늘도 함께 찔러준다. 주황색과 다홍색을 얇게 뽑아 가로로 섞으면서 깔아준다.

④ 몸통에 양모의 시작 부분을 올려놓고 1구 바늘로 고정한다. 양모를 당겨 덩어리 전체를 감싼 후에 1구 바늘로 끝부분을 고정한다.

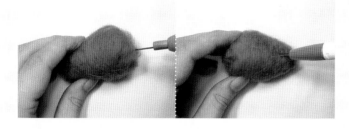

⑤ 가장자리의 주황색 양모도 1구 바늘로 찔러서 고정해준다. 그다음 1, 3구 바늘 순서로 균일하게 찔러서 전체 몸통에 색을 입힌다.

풀잎 면 만들기 ||||||||||||||||||||||||||||||||||||||||||||||||||||||||||||||||||||||||||||||||||||

⑥ 넓은 면은 5구 바늘도 함께 사용해서 색을 입힌다.
초록색과 연두색을 얇게 가로, 세로 방향으로 섞어 깔아주고 5구 바늘로 면을 만든다.

풀잎 만들기 ||||||||||||||||||||||||||||||||||||||||||||||||||||||||||||||||||||||||||||||||||||||

⑦ 면을 3등분으로 자른 후 다이아몬드 형으로 접어준다.

Tip 풀잎 폭 : 2.5cm 내외

⑧ 1구 바늘로 상부의 면적을 줄이며 타원형으로 다듬어주고, 5구 바늘로 면을 단단하게 찔러서 부피감있게 만들어준다.

⑨ 타원형에서 테두리 가장자리를 1구 바늘로 찔러가며 풀잎 라인을 넣어준다.

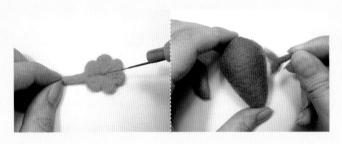

⑩ 반대편에도 동일하게 풀잎 라인을 넣어주고, 3개를 완성시 킨다. p75 ⑩~⑫번을 참고해서 당근 몸통에 붙일 팔을 얇게 만 들어준다.

팔, 풀잎 연결하기 |||||||||||||||||||||||||||||||||||||||||||||||||||||

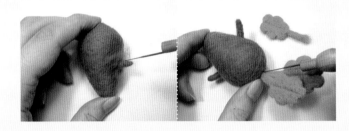

⑪ 팔에서 연결할 부분을 송곳 으로 살살 펼쳐서 1구 바늘로 몸 통에 붙여준다.
미리 준비한 풀잎의 아랫부분을 당근 머리 안쪽으로 찔러서 고 정한다.

눈, 입 모양 만들기 |||||||||||||||||||||||||||||||||||||||||||||||||||||

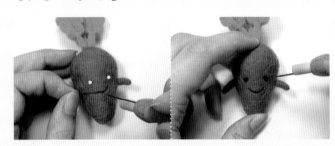

⑫ 시침핀으로 눈의 자리를 잡 아주고, 실처럼 뽑은 갈색 양모 를 1구로 찔러서 입 모양을 만들 어준다.
눈은 소량의 검정색을 동그랗게 말아 1구로 찔러서 고정한다.

푸드 캐릭터 수박

준비물

- 양모솜
- 메리노 70수 양모
  (빨간색, 다홍색, 녹색, 연두색, 흰색)

작업 순서

❶ 기본 몸통 베이스 만들기
❷ 빨간색 양모로 면 감싸기
❸ 흰색 양모로 면 감싸기
❹ 팔, 다리 만들기
❺ 하단 녹색 면 감싸기
❻ 검정색 실로 스티치 넣기

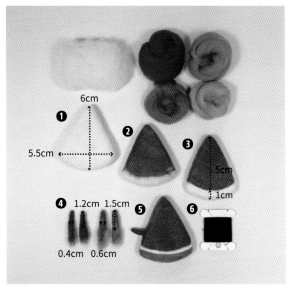

기본 도형

기본 몸통 베이스 만들기

① 베이스 양모를 적당히 뜯어서 첫 부분을 가로 폭에 맞게 삼각형으로 접고 그대로 유지하면서 다시 접어준다.

Tip 가로 폭 : 6~7cm

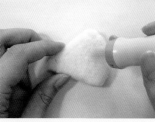

② 양모 베이스 끝부분을 풀리지 않게 잡아당겨 놓고 1구 바늘로 찔러서 고정한다.
삼각형 가장자리에 양모를 잡아당겨 찔러가며 고정한다.

③ 테두리 전체를 3구 바늘로 찔러가며 부피감있게 만들고, 삼각형의 정면은 5구 바늘로 찔러서 부피를 약간 줄여준다.

기본 베이스 면 만들기

④ 빨간색 양모와 다홍색 양모를 가로, 세로로 얇게 순서대로 깔고 5구 바늘로 면을 만들어준다.

Tip 다홍색은 소량만 넣는다.

기본 베이스 빨간색 입히기 |||||||||||||||||||||||||||||||||||||||||||||||||||||||||||||||||||||||

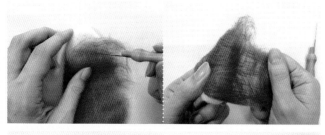

⑤ 베이스에 면의 처음 부분을 1구로 찔러서 고정한다. 베이스에 면을 최대한 밀착해서 감싸준다.

⑥ 양모 면이 풀리지 않도록 끝부분을 찔러서 고정하고, 삼각형 면 전체를 3구로 균일하게 찔러색을 입힌다.

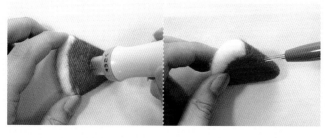

⑦ 넓은 면은 5구 바늘로 함께 찔러주고, 테두리의 측면은 3구로 부피감을 살려준다.

기본 베이스 흰색 입히기 |||||||||||||||||||||||||||||||||||||||||||||||||||||||||||||||||||||||

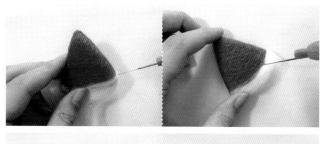

⑧ 빨간색 면 바로 아래 흰색 부분에 흰색 양모를 감싸고 찔러서 붙인다. 라운드 되는 부분은 1구 바늘로 찔러서 색이 섞이지 않도록 고정한다.

⑨ 3구 바늘로 흰색 면을 균일하게 찔러주고, 녹색＋연두색을 섞어서 긴 면을 만들어준다.

기본 베이스 녹색 입히기 |||||||||||||||||||||||||||||||||||||||||||||||||||||||||||||||||||||||||||

⑩ 녹색 면을 하단에 찔러서 고정하고 흰색 경계 부분을 1구로 찔러주며 잔털이 섞이지 않도록 정리한다.

다리 만들기 ||||||||||||||||||||||||||||||||||||||||||||||||||||||||||||||||||||||||||||||||||||||||||||

⑪ 3구로 하단을 찔러서 녹색 면을 고정한다.
5구 바늘을 이용해 녹색, 연두색을 섞어서 다리 부분의 면을 만들어준다.

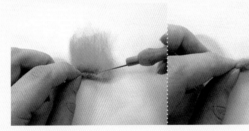

⑫ 얇게 말아가며 1구 바늘로 고정하고, 2구 바늘로 찔러서 다리를 만들어준다.

팔 만들고, 연결하기 |||||||||||||||||||||||||||||||||||||||||||||||||||||||||||||||||||||||||||||||

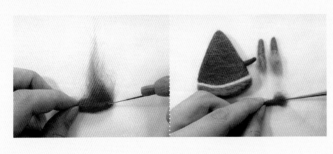

⑬ ⑪, ⑫번과 동일한 방법으로 얇은 팔을 만들어준다.
몸통에 붙이기 전에 송곳으로 하단 부분을 살살 풀어준다.

⑭ 팔, 다리 비율을 조금 다르게 해서 나머지 몸통에 다 붙여준다. 남은 잔털은 2구 바늘로 정리한다.

눈, 입 모양 넣기 ||||||||||||||||||||||||||||||||||||||||||||||||||||||||||||||||||||||||||||||||

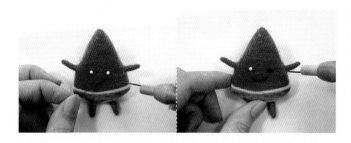

⑮ 시침핀으로 눈의 위치를 잡은 후 갈색을 얇게 뽑아 찔러서 입 모양을 만들어주고, 눈은 쌀알 크기만큼 검정색 양모를 떼어 테두리만 찔러서 붙여준다.

검정색 실로 스티치 넣기 ||||||||||||||||||||||||||||||||||||||||||||||||||||||||||||||||||||||||

⑯ 검정색 실로 뒷면부터 작게 꿰매서 수박씨를 표현해준다.

미니고양이 뮤뮤

준비물

• 양모솜
• 메리노 70수 양모
  (베이지, 주황색, 빨간색, 연핑크)

작업 순서

❶ 기본 몸통 베이스 만들기
❷ 베이지색 입히기
❸ 귀 만들기
❹ 다리, 꼬리 만들기
❺ 귀 연결하기
❻ 다리, 꼬리 연결하기

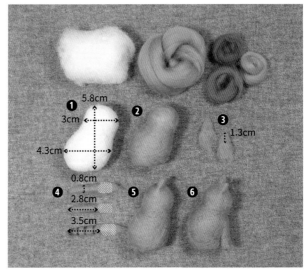

92

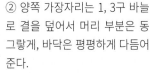

기본 도형

기본 몸통 베이스 만들기 ||||||||||||||||||||||||||||||||||||||||||||||||||||||||||||||

① 베이스 양모를 적당히 뜯어서 삼각형을 기준으로 접어준 후, 원뿔 형태로 돌려서 만든다.

Tip 베이스 길이 : 5~6cm
p51 ①번 참고

② 양쪽 가장자리는 1, 3구 바늘로 결을 덮어서 머리 부분은 동그랗게, 바닥은 평평하게 다듬어준다.
그리고 3구 바늘로 찔러가며 목라인을 만든다.

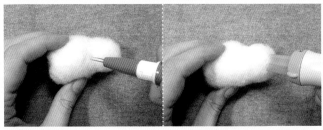

③ 목 부분은 베이스를 돌려가며 3구로 찔러 넣어주고, 머리 부분은 5구 바늘로 동그랗게 찔러가며 다듬는다.

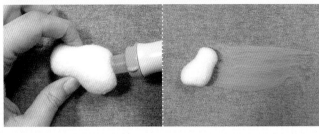

④ 전체 베이스를 3, 5구 바늘로 찔러 부피를 줄이면서 다듬는다.
베이지색 양모를 베이스 높이에 맞춰 얇게 뽑는다.

베이스에 색 입히기

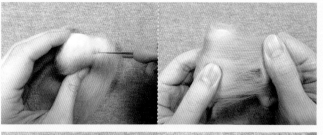

⑤ 베이스에 베이지색 양모를 놓고 시작 부분을 1구 바늘로 찔러서 고정한다. 나머지를 베이스에 밀착하며 당겨서 모두 감아주고 끝부분도 1구 바늘로 고정한다.

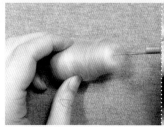

⑥ 가장자리 부분도 1구 바늘로 찔러서 고정하고, 3, 5구 바늘로 베이스 전체를 균일하게 찔러서 베이지색을 입힌다.

귀 연결하기

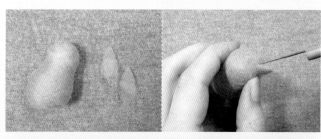

⑦ p57 ⑧, ⑨번을 참고해 귀를 만들어준다. 머리 중앙 좌측부터 1구 바늘로 찔러서 귀를 붙인다.

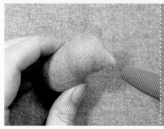

⑧ 귀의 안쪽과 바깥쪽은 2구 바늘로 찔러서 다듬어주고, 양모를 가로, 세로로 얇게 깔아서 다리를 만들 면을 준비한다.

다리 만들기

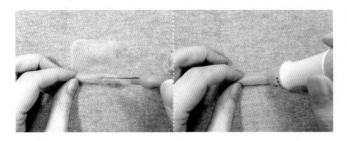

⑨ 베이스 길이에 다리 폭을 맞추고, 한쪽부터 말면서 1, 5구 바늘을 이용해 부피를 줄여가며 찌른다.

다리 연결하기

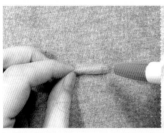

⑩ 다리는 2구 바늘을 이용해 얇은 막대 모양, 일정한 두께로 2개를 만든다. 몸에 연결할 부분은 송곳으로 긁어서 살살 풀어주고 베이스에 연결해준다.

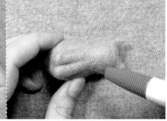

⑪ 다리를 연결한 부분에 베이지 양모를 가로 방향으로 얇게 덮어서 감아주고 2, 3구 바늘로 찔러서 면을 균일하게 다듬는다.

다리를 연결한 측면 부분

⑫ 얼굴 라인보다 안쪽으로 들어가게 찔러서 다듬는다. 2구 바늘을 이용해 다리 끝부분에 발목 라인을 살짝 넣는다.

꼬리 만들기

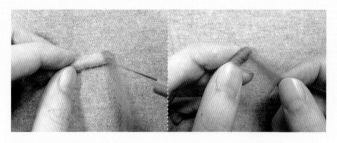

⑬ 다리와 같이 얇은 막대 형태로 꼬리를 만들면서 가장자리는 조금 얇게 다듬는다. 소량의 주황색 양모를 떼어 1구 바늘로 시작 부분은 고정하고, 나머지는 감아준다.

꼬리에 줄무늬 넣기

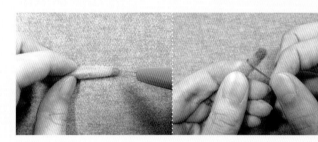

⑭ 2구 바늘로 찔러서 꼬리에 색을 입혀주고, 줄무늬는 양모를 실처럼 얇게 뽑은 뒤 1구로 고정하고 돌려서 감아 만든다.

꼬리 몸통에 연결하기

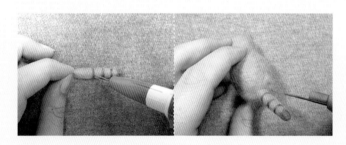

⑮ 꼬리의 줄무늬는 일정한 간격으로 3개를 넣어주고 2구로 찔러서 고정한다. 꼬리의 끝을 송곳으로 살살 풀어서 1, 3구로 엉덩이 끝부분에 고정해서 연결한다.

코와 눈 넣기

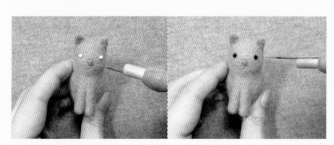

⑯ 눈과 코는 소량의 양모를 각각 원과 삼각형으로 만들어 1구로 찔러서 붙인다.

줄무늬 넣기

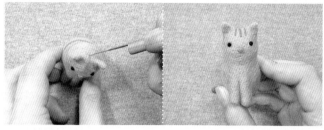

⑰ 이마의 줄무늬도 실처럼 얇게 뽑아서 시작과 끝부분을 1구로 베이스에 찔러 넣고 무늬는 2구 바늘로 찔러서 고정한다.

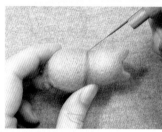

⑱ 주황색 양모를 얇게 뽑아서 등에 줄무늬를 넣는다. 4등분으로 넣고 2구로 얇게 찔러서 고정한다.

식빵고양이 미니 뮤뮤

- 양모솜
- 메리노 70수 양모
  (흰색, 베이지, 믹스 주황색)

작업 순서

❶ 기본 베이스 만들기
❷ 베이지 연결하기
❸ 베이스에 흰색 입히기
❹ 귀 만들어서 연결하기
❺ 다리 연결하기

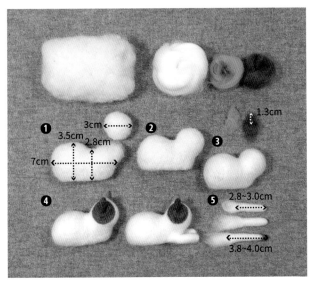

0   5   10cm

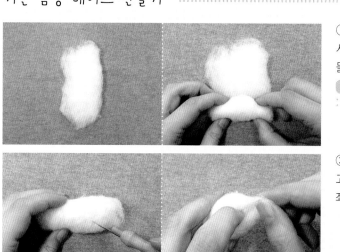

기본 도형

기본 몸통 베이스 만들기 ||||||||||||||||||||||||||||||||||||||||||||||||||||

① 베이스 양모를 적당히 뜯어서 몸통 크기를 기준으로 잡고 돌려서 만다.

Tip 베이스 ① (몸통) 길이
: 5~6cm, 폭 : 3.5~4cm

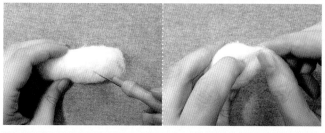

② 베이스 양모 끝부분을 1구로 고정하고, 양측 가장자리의 결을 좌우로 당겨서 덮는다.

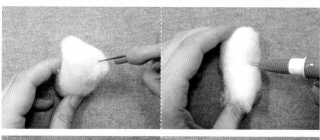

③ 가장자리를 1구로 찔러서 고정하고 전체 부피를 줄여가며 3구 바늘로 허리 부분을 찔러서 넣는다.

④ 엉덩이 부분이 부피가 작을 경우, 베이스를 얇게 추가하면서 동그랗게 다듬어준다. 바닥면은 5구로 다듬어서 평평하게 만든다.

베이스 윗 모습과 측면 |||||||||||||||||||||||||||||||||||||||||||||||||||

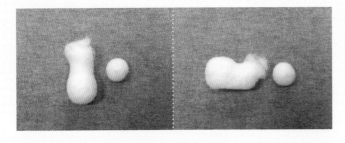

⑤ p56 ①, ②번을 참고해서 얼굴을 동그랗게 만들어준다.

베이스 몸통과 얼굴 연결하기 |||||||||||||||||||||||||||||||||||||||||||||

⑥ 몸통 베이스에서 얼굴과 연결할 부분을 살살 풀어주고, 얼굴과 몸통을 연결하고 1구 바늘로 깊게 찔러서 붙인다.

⑦ 얼굴과 몸통 부분은 베이스를 얇게 덮어 고정하면서 면을 다듬는다.

색 입히기 ||||||||||||||||||||||||||||||||||||||||||||||||||||||||||||||

⑧ 베이스 길이에 맞춰 흰색을 얇게 뽑아주고 시작 부분을 1구 바늘로 고정한다.

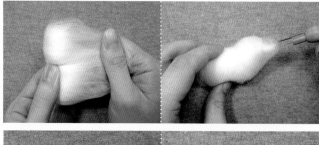

⑨ 최대한 당겨가면서 베이스에 흰색을 감고, 가장자리를 1구 바늘로 찔러서 고정한다.

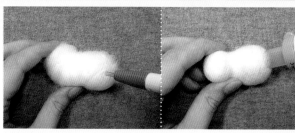

⑩ 3, 5구 바늘로 균일하게 찔러가며 형태에 맞게 다듬는다.

⑪ 위에서 봤을 때 허리가 살짝 들어가고 엉덩이가 동그란 모양이 되도록 다듬는다.

귀 만들기 ||||||||||||||||||||||||||||||||||||||||||||||||||||||||||||||||||||||||||||||||

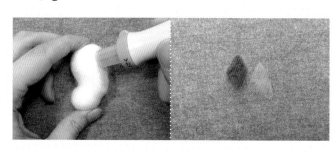

⑫ 5구 바늘로 바닥면도 찔러서 납작하게 다듬는다.
베이지와 믹스 주황색으로 귀를 만든다.

Tip p57 ⑧, ⑨번 참고

귀 연결하기

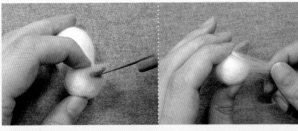

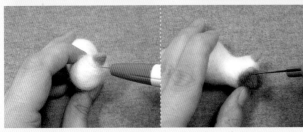

⑬ 베이지색 귀의 끝부분을 송곳으로 살살 푼 다음, 1구 바늘로 깊게 찔러서 얼굴에 붙인다. 흰색 양모 소량을 얇게 펴서 귀와 몸통이 연결된 부분을 감싼다.

⑭ 2구 바늘로 흰색 양모 부분을 얼굴 면에 찔러서 베이지 양모를 덮는다. 반대편 귀도 아랫면을 살살 풀어서 1구로 앞뒤를 찔러 얼굴에 붙인다.

⑮ 5구 바늘을 이용해 믹스 주황색으로 얇은 면을 만든 후, 그 면의 한쪽을 1구로 고정하고 얼굴 베이스의 덮을 면에 감싼다.

귀 무늬 색 입히기

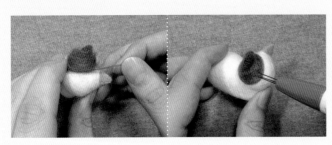

⑯ 감싼 면을 1, 3구 바늘로 찔러서 붙여주고, 무늬의 테두리 라인은 1구 바늘로 잔털을 정리하면서 붙인다.

다리 만들기

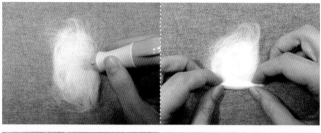

⑰ 흰색 양모를 가로, 세로로 깔고 5구 바늘로 면을 만들어 다리 만들 준비를 한다.
아래부터 얇게 막대 형태로 말면서 1, 5구 바늘로 찔러 다듬는다.

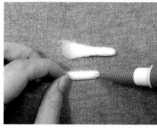

⑱ 2구 바늘로 찔러서 얇은 막대 형태의 다리 2개를 만들어준다. 꼬리는 다리와 같은 방법으로, 끝부분을 얇게 만들고 주황색 양모를 소량 떼어서 끝을 감싼다.

다리 연결하기

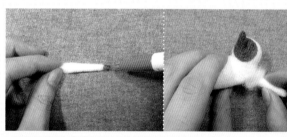

⑲ 2구 바늘로 찔러서 주황색을 꼬리 끝에 고정하고, 완성된 다리는 몸과 연결할 부분을 송곳으로 살살 풀어서 펼친다.

⑳ 1, 3구 바늘로 찔러서 다리를 몸통에 연결하고 반대편 다리도 동일한 방법으로 붙인다.

꼬리 몸통에 연결하기

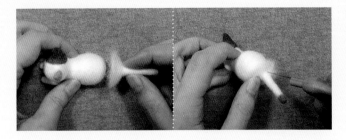

㉑ 송곳으로 꼬리 끝부분의 잔털을 살살 풀어서 펼치고 엉덩이 아래에 찔러서 붙인다.

무늬 넣기

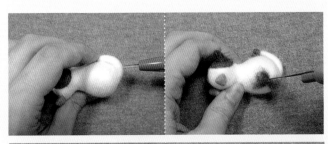

㉒ 붙인 꼬리는 구부린 후, 2구 바늘로 몸통에 밀착해서 붙인다. 주황색 양모를 소량 뽑아 등에 얇은 면을 만들고, 가운데를 찔러서 8자 모양으로 고정한다.

Tip 기화성 펜으로 무늬를 살짝 그려 넣어도 된다.

㉓ 나머지 8자 모양은 1구 바늘로 면적을 맞춰가며 찔러주고 2구, 3구로 몸통에 붙인다. 반대편 베이지 무늬도 같은 방법으로 넣는다.

눈, 코 넣기

㉔ p133 ⑪~⑫번을 참고해서 얼굴에 눈, 코를 넣는다.

펭귄 페페

- 양모솜
- 메리노 70수 양모
  (그레이, 흰색, 노랑색, 주황색)
- 양모 털실(레드)
- 펠트지
- 글루건

작업 순서

➊ 기본 몸통 베이스 만들기
➋ 흰색 입히기
➌ 그레이색 입히기
➍ 팔 만들어서 연결하기

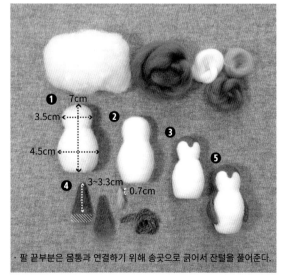

➊ 7cm
3.5cm
4.5cm
➋
➌
➎
➍ 3~3.3cm
0.7cm

• 팔 끝부분은 몸통과 연결하기 위해 송곳으로 긁어서 잔털을 풀어준다.

0   5   10cm

기본 도형

기본 몸통 베이스 만들기

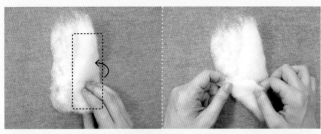

① 베이스 양모를 적당히 뜯어서 한쪽을 1/3 정도 접어서 폭을 맞춰주고, 시작 부분을 삼각형으로 접어 기준을 잡아준다.

Tip 펭귄 폭 : 6~7cm

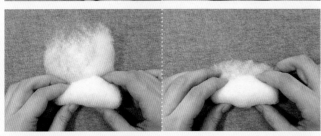

② 삼각형을 기준으로 폭이 더 길어지지 않도록 고정해가며 원뿔 형태로 돌돌 감아준다.

Tip 펭귄 배를 볼록하게 하려면 기준 높이를 최대한 맞춰가며 감아준다.

③ 베이스 끝부분을 풀리지 않도록 잡아주고 1구로 찔러서 고정한다. 펭귄의 머리와 바닥면은 결을 덮기 위해 베이스를 양측에서 살짝 당겨서 덮어준다.

목 라인 만들기

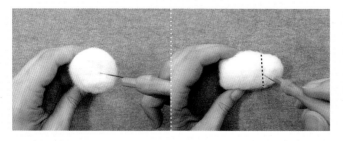

④ 베이스로 머리와 바닥면 결을 덮고 1구로 찔러서 고정한다. 전체 몸 비율의 1/3 되는 지점을 1구로 깊게 찔러서 목 라인을 넣어준다.

몸통 베이스 형태 다듬기

⑤ 목 라인을 깊게 넣어주고, 목 라인 주변과 아래의 몸통을 1구로 돌려가며 찌르고 부피를 줄여 다듬는다. 항아리 형태의 몸통이 나오면 된다.

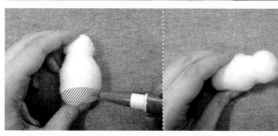

⑥ 몸통 아래는 3구 바늘로 돌려가며 찔러 부피를 줄여 다듬는다. 목 라인과 바닥면을 찔러서 배가 볼록하게 나오도록 다듬고, 머리는 부피를 줄여 동그란 원형으로 만든다.

⑦ 머리는 5구로 동그랗게 찔러서 다듬어주고, 바닥면은 납작하게 찔러준다.

흰색 입히기 ||||||||||||||||||||||||||||||||||||||||||||||||||||||||||||||||||||||||||||||||||||||

⑧ 베이스 높이에 맞게 흰색 양모를 뽑고, 몸통에 감을 시작점을 1구로 찔러 고정해준다.

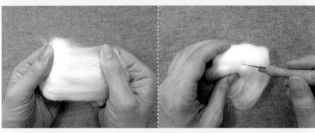

⑨ 베이스에 밀착해서 몸통의 반절만 흰색을 감아주고 끝부분을 다시 찔러서 고정해준다.

Tip 흰색은 몸통에서 반만 보이므로 보이는 면만 색을 입혀주면 된다.

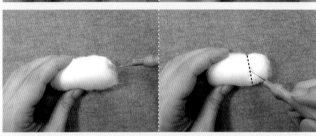

⑩ 바닥면과 머리 부분의 흰색도 1구로 찔러서 베이스에 고정해주고, ④에서 만들었던 목 라인을 다시 1구로 깊게 넣어준다.

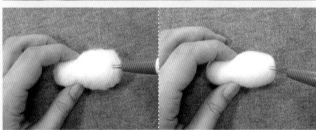

⑪ 전체 형태를 유지하면서 1, 3구로 흰색 양모를 균일하게 찔러서 고정한다.

회색 면 만들기 |||||||||||||||||||||||||||||||||||||||||||||||||||||||||||||||||||||||

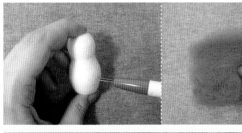

⑫ 흰색 부분의 잔털은 2구로 얇게 찔러서 다듬어주고, 회색 양모를 가로, 세로로 얇게 깔아서 5구로 베이스를 덮을 정도의 면적을 만들어준다.

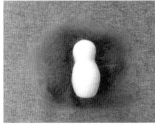

⑬ 회색 면 위에 베이스를 올려서 면이 베이스 머리 쪽에 더욱 충분히 남도록 먼저 몸통 아래쪽 회색 면을 살짝 접어준다.

색 입히기 ||||||||||||||||||||||||||||||||||||||||||||||||||||||||||||||||||||||||||||||||

⑭ 먼저 1구로 몸통 아랫부분의 회색 면 테두리를 찔러서 고정해준다. 반대편도 회색 면을 최대한 당겨서 끝부분을 접고 테두리만 고정해준다.

Tip 회색 면을 붙이기 전에 기화성 펜으로 라인을 미리 그려준다.

목 라인

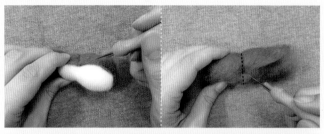

⑮ 회색 면 테두리를 떨어지지 않도록 찔러주고, 몸통 뒷면을 다시 1구로 찔러 넣어서 목 라인을 만들어준다.

⑯ 목 라인을 경계로 하여 회색 면을 몸통 전체에 균일하게 찔러서 붙여준다.

Tip 몸통 아래로 회색 면을 붙인 모습

얼굴 색 입히기

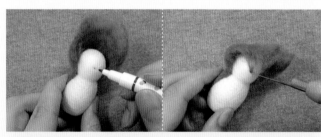

⑰ 얼굴 중앙에 기화펜으로 점을 살짝 표시해주고, 고정되지 않고 남아있는 회색 면의 한쪽 모서리를 가져와 1구로 점에 찔러서 고정해준다.

⑱ 반대편 회색 면의 끝을 1구로 당겨와서 얼굴 중심점에 찔러서 고정한다. 양측으로 얼굴 하트 라인이 생기면, 하트 라인을 1구로 찔러가며 붙인다.

Tip 기화펜으로 라인을 그려놓고 찔러도 된다.

얼굴 라인 ||||||||||||||||||||||||||||||||||||||||||||||||||||||||||||||||||||||||||||||||

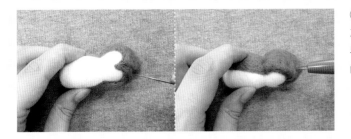

⑲ 1구로 얼굴 라인을 앞뒤로 당겨가며 대칭을 맞춰주고, 머리 위의 나머지 회색 면 전체를 2구 바늘로 찔러서 붙여준다.

팔 만들기 ||||||||||||||||||||||||||||||||||||||||||||||||||||||||||||||||||||||||||||||||

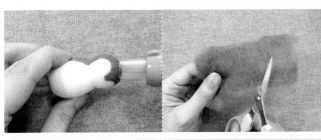

⑳ 머리 부분은 5구로 얇게 찔러가며 동그랗게 다듬어준다. 회색 양모를 직사각형 모양의 얇은 면으로 만들어주고 가위로 반을 잘라 팔을 만들 준비를 한다.

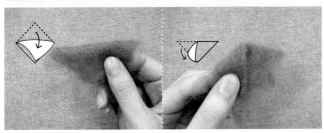

㉑ 반으로 자른 회색 면을 대각선으로 접어서 삼각형을 만들어준다. 그 다음에 다시 한번 접어준다.

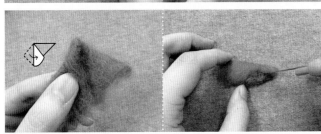

㉒ 삼각형으로 접고 남은 부분은 잔털을 뽑아서 그대로 감아주고, 풀리지 않도록 1구로 찔러서 고정해준다.

팔 다듬기

㉓ 5구 바늘로 삼각형 부분을 찔러주고, 2, 3구를 이용해 긴 삼각형의 형상으로 다듬는다.

팔 연결하기

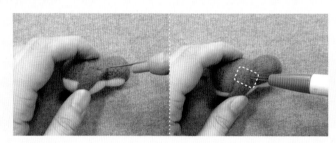

㉔ 팔 끝부분을 송곳으로 살살 풀어서 팔의 1/3 지점을 1구로 고정하고 3구로 팔 전체를 얇게 찔러서 고정한다.

Tip 몸통에 원래 자연스럽게 연결되어 있었던 것처럼 붙여준다.

부리 만들기

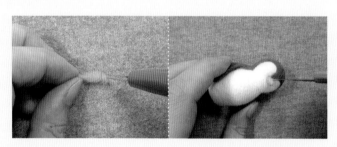

㉕ 노란색 양모 소량을 원뿔 형태로 감아서 2구로 찔러 작게 만들어주고, 얼굴에 잔털을 찔러서 넣어주며 다듬는다.

눈 연결하기

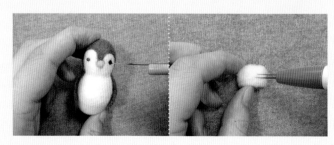

㉖ 눈 위치를 시침핀으로 표시한 후, 검정색 양모를 작고 동그랗게 모아 1구로 찔러서 고정한다. 베이스를 직사각형 형태로 다듬어 가방 만들 준비를 한다.

미니 가방 만들기

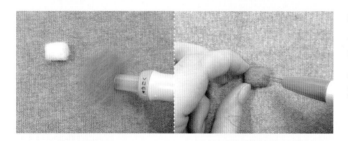

㉗ 소량의 주황색 양모를 가로, 세로로 깔아서 5구 바늘로 얇게 면을 만든다. 면을 베이스에 감싸고 직사각형 모양을 유지하며 3구 바늘로 찔러 붙여준다.

가방 연결하기

㉘ 가방을 몸통에 올려놓고 측면에서 대각선 방향으로 1구 바늘을 이용해 깊게 찔러서 고정해준다.

가방 + 발바닥

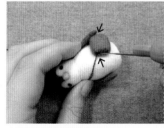

㉙ 남색 털실 끝부분을 가방 측면에 깊게 찔러서 넣은 후, 펭귄 몸을 한 바퀴 감고 가방 반대편에 1구로 찔러서 고정한다. 발바닥 펠트지는 글루건으로 살짝 붙여준다.

머플러 연출

㉚ 털실을 감아 머플러를 만들어주고 마무리한다.

새모빌

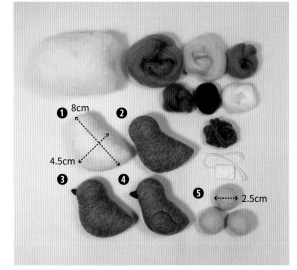

❶ 8cm
4.5cm
❷
❸
❹
❺ ·······> 2.5cm

작업 순서

❶ 기본 베이스 만들기
❷ 색 입히기
❸ 부리 만들기
❹ 날개 만들어서 붙이기
❺ 양모볼 만들기

0   5   10cm

기본 베이스 만들기 |||||||||||||||||||||||||||||||||||||||||||||||||||||||||||||||||||||||||||||

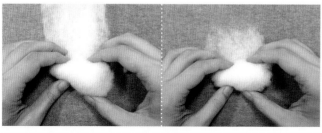

① p106 ①번을 참고하여 베이스 양모를 기준 폭을 잡고 원뿔 형태로 당겨가며 감아준다.

Tip 베이스 폭 : 7cm 내외

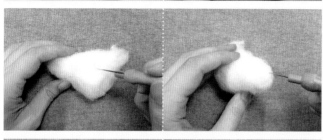

② 베이스 끝부분을 1구로 찔러서 고정하고, 원뿔의 아랫면은 결을 당겨 덮으면서 1구로 고정한다. 원뿔의 꼭짓점 부분을 동그랗게 찔러서 다듬는다.

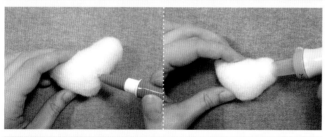

③ 위에서 봤을 때 삼각형인 상태에서 머리 부분을 3, 5구 바늘로 동그랗게 찔러주고, 몸통 부분은 3, 5구로 부피를 줄이면서 다듬는다.

④ 부피를 줄이면서 삼각형이 반달 형상처럼 꼬리 부분이 짧아지도록 다듬는다. 블루믹스 양모를 가로, 세로로 얇게 깔고 5구로 면을 만든다.

베이스에 색 입히기

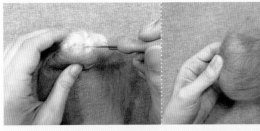

⑤ 베이스의 배 하단 부분부터 양모 면을 찔러서 고정한다. 베이스에 밀착해서 당겨가며 감싼다.

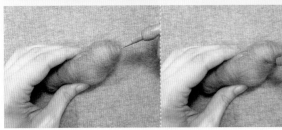

⑥ 머리와 꼬리 부분을 1구로 찔러가며 베이스에 붙여주고 전체 몸통은 3, 5구 바늘로 균일하게 찔러서 붙인다.

부리 만들기

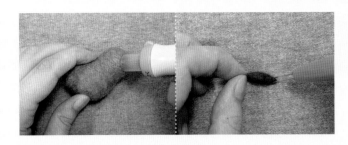

⑦ 베이스 형태를 유지하며 5구로 찔러서 색을 입힌다. 작은 삼각형으로 접은 갈색 양모 소량을 원뿔 형태로 말아 2구 바늘로 고정하면 부리가 완성된다.

부리 연결, 흰색 면 만들기

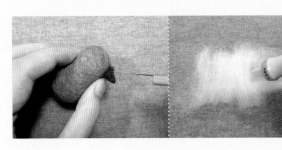

⑧ 1구로 찔러서 부리를 달아주고, 배에 색을 입힐 흰색 양모를 5구 바늘을 이용해 얇은 면으로 만든다.

배에 흰색 면 붙이기 ||||||||||||||||||||||||||||||||||||||||||||||||||||||

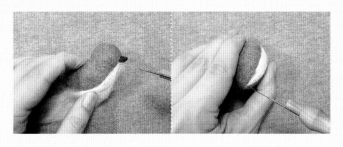

⑨ 부리 아래에 흰색 면 한쪽을 1구로 찔러서 넣어주고 배의 아래라인으로 찔러가며 고정해준다. 꼬리 끝부분은 뾰족한 모양을 살려서 찔러 붙인다.

파란색 라인 넣기 ||||||||||||||||||||||||||||||||||||||||||||||||||||||

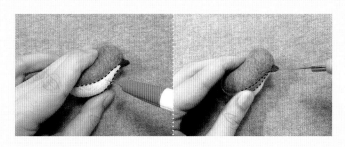

⑩ 테두리를 고정하고 가운데 흰색은 2, 3구로 균일하게 찔러준다. 블루믹스와 흰색 경계 부분에 파란색 양모를 얇게 라인으로 찔러서 고정한다.

날개 면 만들기 ||||||||||||||||||||||||||||||||||||||||||||||||||||||

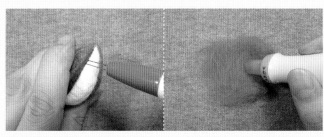

⑪ 파란색 라인의 중간은 도톰하게, 양끝은 얇게 빠지도록 모양을 잡고 2구로 찔러서 붙여준다. 청록색과 블루믹스를 섞어 얇게 만들어 날개 면을 완성한다.

⑫ 정사각형으로 만든 면을 반으로 접어 삼각형으로 만든다.

⑬ 큰 삼각형에서 다시 반을 접어서 작은 삼각형을 만들어준다. 날개는 1구로 꼭짓점을 안으로 넣어 면을 안쪽으로 모아서 물방울 형상으로 만들어준다.

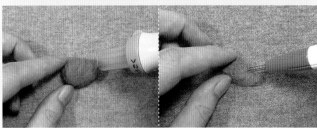

⑭ 5구로 날개 면의 부피를 줄이고, 3구 바늘로 날개 방향을 살짝 찔러 넣어 휘어지게 다듬는다.

날개 붙이기

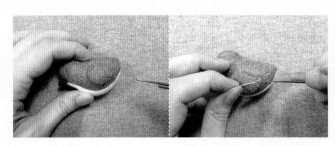

⑮ 1구로 날개 가운데를 찔러서 몸통 위에 고정하고 테두리를 깊게 찔러가며 붙인다. 날개 끝 부분에 흰색 양모를 실처럼 찔러가며 라인을 넣는다.

눈 붙이기

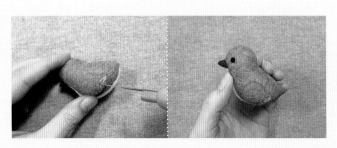

⑯ 날개 라인은 2개를 찔러서 넣어주고, 눈을 검정색 양모를 작고 동그랗게 말고 테두리를 찔러서 붙인다.

편지 봉투 연결하기

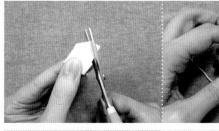

⑰ 흰색 펠트지를 직사각형 형상의 봉투 모양으로 자른다. 양모 털실을 글루건으로 봉투에 고정한 후, 털실의 시작 부분을 날개 안쪽으로 찔러 넣어 고정한다.

⑱ 털실로 몸을 한 바퀴 두르고 끝부분도 날개 안쪽으로 넣어 고정한다. 털실을 목에 감고 1구 바늘로 중간을 찔러 고정해서 머플러로 연출한다.

양모볼 만들기

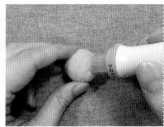

⑲ p41~43를 참고하여 작은 양모볼 3개를 만든다.
바늘에 실을 꿰어서 새 아랫부분부터 연결한다.

새모빌 + 양모볼 연결하기

⑳ 바늘에 실을 꿰어서 새의 아랫부분부터 통과시키고 양모볼 3개까지 함께 연결한다. 양모볼 위치를 길이에 맞게 연출한다.

앉아있는 곰돌씨

준비물

- 양모솜
- 메리노 70수 양모(진브라운)
- 코리데일 그레이
- 털실

작업 순서

❶ 기본 얼굴 베이스 만들기
❷ 베이스에 진브라운색 입히기
❸ 얼굴 + 몸통 연결하기
❹ 귀 만들어서 연결하기
❺ 팔 + 다리 만들기
❻ 다리 연결하기

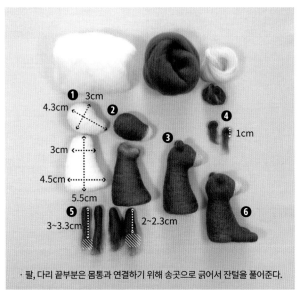

❶ 3cm
4.3cm
❷
❹
1cm
3cm
❸
4.5cm
5.5cm
❺
2~2.3cm
❻
3~3.3cm

· 팔, 다리 끝부분은 몸통과 연결하기 위해 송곳으로 긁어서 잔털을 풀어준다.

0   5   10cm

기본 도형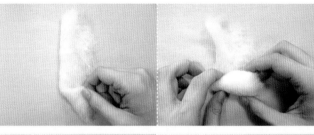

얼굴 베이스 만들기 ||||||||||||||||||||||||||||||||||||||||||||||||||

① 얼굴 길이에 맞춰 세로로 길게 펼쳐주고 시작 부분을 삼각형으로 접어 기준을 잡은 뒤 원뿔형으로 돌돌 말아준다.

Tip 얼굴 길이 : 4.5cm 내외

② 원뿔형이 된 베이스의 끝부분이 풀리지 않도록 1구로 고정하고, 머리 뒷면에 양모 결을 덮어주고 1, 3구로 찔러서 고정한다.

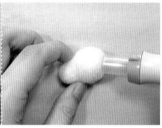

③ 눈과 입 사이를 3구로 찔러서 아래로 약간의 경계를 만들고, 5구로 전체 부피를 줄인다.

몸통 베이스 만들기 |||||||||||||||||||||||||||||||||||||||||||||||||

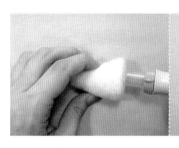

④ 몸통 베이스는 얼굴보다 약 2배 많은 양을 뽑아서 원뿔 형태로 만들어준다. 바닥면은 세워야 하므로 5구로 납작하게 다듬어준다.

Tip 얼굴 길이 : 5.5~6cm 내외

얼굴 색 입히기 |||||||||||||||||||||||||||||||||||||||||||||||||||||||||||||||||||||

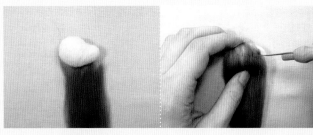

⑤ 얼굴 길이에 맞게 진브라운 양모를 뽑아서 준비하고, 시작 부분을 1구로 찔러서 고정해준다.

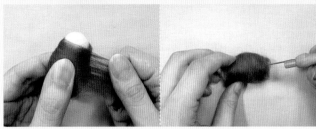

⑥ 얼굴에 밀착해서 당겨가며 감싸주고, 끝부분을 1구로 찔러서 고정해준다.

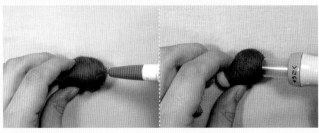

⑦ 얼굴의 가장자리를 3구로 찔러서 고정하고, 베이스에 5구로 균일하게 색을 입혀준다.

입 부분 색 입히기 |||||||||||||||||||||||||||||||||||||||||||||||||||||||||||||||||||||

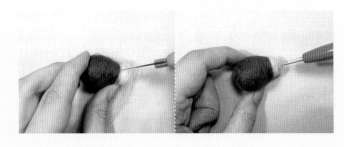

⑧ 코리데일 회색 양모를 소량 뽑아 시작 부분은 1구로 고정하고, 베이스에 감아서 입 부분에 3구로 색을 입혀준다.

귀 만들기

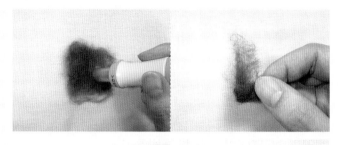

⑨ 귀를 만들기 위해 브라운 양모를 소량 뽑아 가로, 세로로 깔고 5구로 면을 만든 다음, 반으로 잘라서 직사각형 형상으로 면을 접어준다.

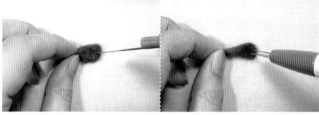

⑩ 직사각형 형상에서 1구 바늘을 이용, 모서리 부분을 안쪽으로 찔러서 원형으로 다듬고, 3구로 테두리와 가운데를 찔러서 동그란 귀의 형태를 만들어준다.

⑪ 같은 방법으로 귀 2개를 만들어주고, 귀의 아랫면을 펼쳐서 준비한다.

귀 연결하기

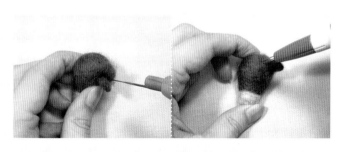

⑫ 귀를 머리 중앙을 기준으로 우측에 올려주고 1구로 깊게 찔러서 고정하고, 잔털은 3구로 얼굴 베이스에 찔러서 붙여준다.

몸통 색 입히기 |||||||||||||||||||||||||||||||||||||||||||||||||||||||||

⑬ 몸통 베이스 높이에 맞춰 진 브라운 양모를 뽑아 전체를 감 싸고, 양모를 1구 바늘로 찔러서 몸통과 바닥면에 고정해준다.

⑭ 몸통 전체를 3, 5구로 균일하 게 찔러서 색을 입혀주고, 머리 와 연결할 부분의 양모는 남겨 둔다. 등 라인은 살짝 휘어지게 다듬어준다.

얼굴＋몸통 연결하기 |||||||||||||||||||||||||||||||||||||||||||||||

⑮ 얼굴과 연결할 부분의 진브 라운 양모를 살살 펼쳐서 얼굴과 연결시킨 후, 1구로 목 라인을 돌 아가며 깊게 찔러서 연결해준다.

얼굴과 몸통 연결 부분 |||||||||||||||||||||||||||||||||||||||||||||||

⑯ 얼굴과 몸통의 연결 부분에 진브라운을 얇게 감아서 이음매 부분을 덮고 3구로 찔러가며 다 듬어준다.

팔 만들기

⑰ 5구 바늘을 이용해 팔이 될 진브라운 면을 만들어주고, 반으로 잘라서 끝단부터 얇게 말아가며 1구 바늘로 찔러서 고정하고 막대 형태로 감아준다.

⑱ 감아준 팔을 5구로 찔러서 부피를 줄이고, 팔 끝부분만 도톰해지도록 얇게 감아준다.

다리 만들기

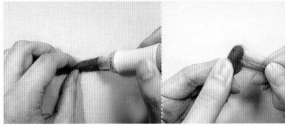

⑲ 2, 3구로 팔을 단단하게 다듬어 완성한다. 양모솜을 원뿔처럼 접고 감아서 다리 만들 준비를 한다.

⑳ 원뿔 모양이 된 다리 베이스를 1구로 다듬어주고, 진브라운색 양모를 폭에 맞게 뽑아서 감아준다.

㉑ 양모를 1구로 베이스에 고정하고 3구로 찔러서 원뿔 형태를 따라 다리를 다듬어준다.

다리 연결하기

㉒ 팔과 다리를 준비해주고, 다리부터 끝을 살살 펼쳐서 몸통에 붙이고 1구로 깊게 찔러서 고정한다.

다리 연결 부분

㉓ 다리와 몸통 사이에 진브라운색 양모를 얇게 돌려서 감아준다.

㉔ 연결 부분을 3구로 찔러가며 다리 2개를 붙인 후, 바닥면을 5구로 균일하게 찔러서 평평하게 마무리한다.

팔 연결하기

㉕ 팔의 가장자리를 송곳으로 살살 펼쳐서 몸통에 1, 3구 바늘로 찔러서 붙인다.

코, 눈 만들기

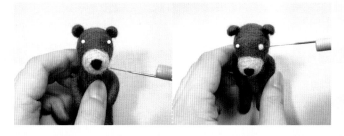

㉖ 눈 위치를 시침핀으로 표시 해둔다. 코의 비율에 맞게 검정색 양모 소량만 뜯어서 3구로 면을 만들고, 잔털을 아래로 접어 코를 붙인다. 눈은 소량의 흰색 양모를 원형으로 작게 모아서 시침핀 자리에 붙인다.

머플러 연출

㉗ 눈의 흰색 부분에 검정색 양모 소량을 찔러 넣어 눈동자를 만들어준다. 털실을 머플러처럼 감아주고 끝부분을 1구로 찔러서 고정한다.

PART

5

반려동물 인형 만들기

고양이 뮤뮤

준비물

- 양모솜
- 메리노 70수 양모
  (베이지, 흰색, 주황색, 빨간색, 연핑크)

작업 순서

❶ 기본 베이스 만들기
❷ 얼굴 흰색 입히기
❸ 몸통 베이지색 입히기
❹ 귀 만들기
❺ 귀 연결해서 얼굴 완성하기
❻ 다리, 꼬리 만들어서 연결하기

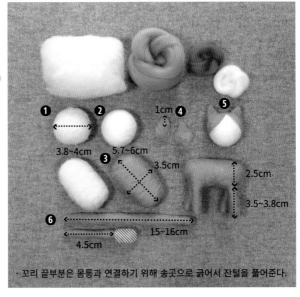

❶ 3.8~4cm
❷ 5.7~6cm
1cm ❹
❺
❸ 3.5cm
2.5cm
3.5~3.8cm
❻ 15~16cm
4.5cm

· 꼬리 끝부분은 몸통과 연결하기 위해 송곳으로 긁어서 잔털을 풀어준다.

0 5 10cm

기본 얼굴 베이스 만들기 ||||||||||||||||||||||||||||||||||||||||||||||||||||||||||||||

① 베이스는 p56을 참고해서 동그란 원형의 형태로 만들어준다. 흰색 양모를 뽑아 가로 방향으로 베이스를 감싼다.

Tip 얼굴 원형 지름 : 3.5~4cm

② 흰색 양모를 1, 3, 5구로 균일하게 찔러서 얼굴 원형을 준비해주고, 베이지색 양모를 가로, 세로로 얇게 깔아서 5구로 귀를 만들 면을 만든다.

귀 만들기 ||||||||||||||||||||||||||||||||||||||||||||||||||||||||||||||||||||||

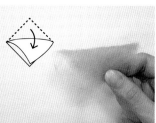

③ 얇게 만든 베이지 면을 가위로 반 잘라주고, 반을 접어 삼각형으로 만든다.

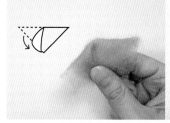

④ 삼각형에서 다시 1/4로 작게 접어준다. 중앙 꼭지점을 기준으로 다시 옆으로 접는다.

⑤ 남은 베이지 면 반쪽에서 가장자리 양모의 잔털을 살살 뽑아주고 그대로 감아서 삼각형으로 만들고, 풀리지 않도록 1구로 찔러서 고정한다.

⑥ 귀가 될 정삼각형 부분만 5구로 찔러서 면을 만들어주고, 삼각형 면에 생긴 잔털과 비율은 2, 3구로 다듬는다.

⑦ 귀의 정삼각형 부분을 제외한 아랫면을 양측으로 펼쳐서 준비한다.

고양이 귀 연결하기 ||||||||||||||||||||||||||||||||||||||||||||||||||||||||||||||||

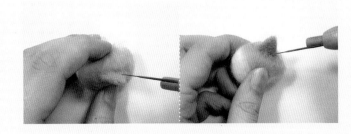

⑧ 귀를 얼굴 베이스에 올려주고 귀의 삼각형 아래 라인을 1구를 이용해 앞뒤로 깊게 찔러서 고정한다.

얼굴 라인 정리하기

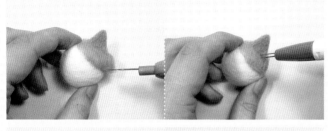

⑨ 귀를 붙이고 나머지 베이지 면은 1구 바늘로 가장자리를 찔러가며 면적을 맞춰주고, 3구로 베이지 면을 찔러서 얼굴에 붙인다.

⑩ 양쪽 귀를 모두 붙여주고, 베이지의 가장자리는 2구로 찔러가며 잔털을 정리해준다. 코를 만들기 위해 빨간색과 연핑크색 양모의 소량을 섞어서 준비한다.

코 붙이기

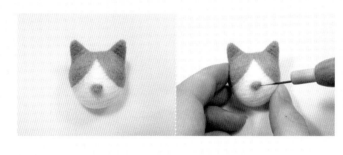

⑪ 잔털을 아래로 접어 작은 삼각형으로 만들어서 먼저 코의 위쪽을 1구로 찔러서 고정한다. 나머지 양측을 사선으로 찔러서 붙인다.

눈 붙이기

⑫ 먼저 시침핀으로 눈의 위치를 잡는다. 쌀알 크기의 검정색 양모 소량을 동그랗게 말아서 모아주고, 테두리 쪽만 찔러서 눈을 넣어준다.

몸통 만들기

⑬ 고양이 몸통 길이에 맞춰 양모솜을 세로로 펴주고, 폭을 기준으로 돌돌 말아준다.

Tip 몸통 길이 : 6~6.5cm, 폭 : 3~3.5cm

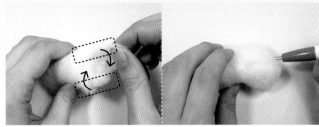

⑭ 양측의 양모솜을 살짝 당겨서 측면의 결을 덮고 1, 3구로 찔러서 고정한다.

고양이 얼굴과 몸통 비율

⑮ 얼굴과 몸의 비율은 1:2~2.5배 정도로 맞춰주고, 몸통 길이에 맞게 베이지를 뽑아서 준비한다.

몸통 베이지색 입히기 |||||||||||||||||||||||||||||||||||||||||||||||||||||||||||||||||

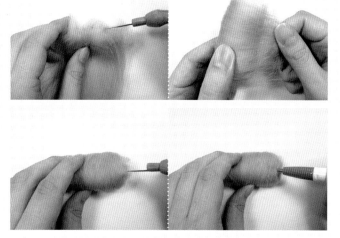

⑯ 몸통에 베이지 시작 부분을 1구로 찔러서 고정하고, 최대한 밀착해서 감싼다.

⑰ 가장자리의 베이지를 1구로 찔러서 고정하고, 전체 몸통은 3구로 균일하게 찔러서 색을 입힌다.

다리 만들기 ||||||||||||||||||||||||||||||||||||||||||||||||||||||||||||||||||||||||

⑱ 5구 바늘로 넓은 면도 함께 찔러서 붙여주고, 다리를 만들 베이지 면을 5구 바늘로 몸의 3.5배 길이로 만든다.

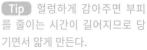

⑲ 긴 직사각형의 면을 아래부터 막대 형태로 말면서 5구로 촘촘하게 찔러준다.

Tip 헐렁하게 감아주면 부피를 줄이는 시간이 길어지므로 당기면서 얇게 만든다.

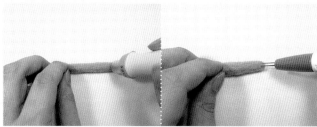

⑳ 다리의 긴 막대 형태는 5, 3구를 병행하면서 부피를 줄이고, 다리의 양측 가장자리는 3구로 찔러서 단단하게 만든다.

다리 4등분으로 나누기

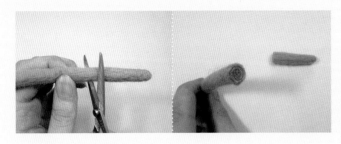

㉑ 가위로 다리의 길이에 맞게 자른다. 몸통에 다리 끝부분을 펼쳐서 붙여야 하므로 그 부분까지 감안해서 다리 길이를 정한다.

다리 끝부분 다듬기

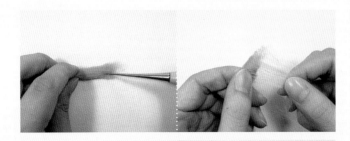

㉒ 2번째 다리부터는 가위로 자른 단면이 생기므로, 송곳으로 그 부분의 잔털을 살살 뽑아준다. 그 부분에 소량의 베이지를 끝부분만 살짝 감는다.

㉓ 1구로 찔러서 베이지를 붙이고 2, 3구로 찔러서 단단하게 만든 다리 4개를 준비한다. 같은 방법으로 꼬리는 다리보다 얇게 만들고, 꼬리 끝에 주황색을 살짝 감아준다.

꼬리 끝에 색 입히기

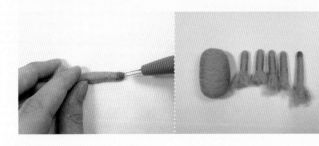

㉔ 주황색 양모를 2, 3구로 찔러서 색을 입혀주고 몸통과 함께 준비한다.

다리 연결하기

㉕ 다리 끝부분 양모를 살짝 펼쳐서 몸통의 모서리 부분에 올려놓고, 1구로 깊게 찔러서 고정한다.

다리 보강하기

㉖ 펼쳐져 있는 나머지 양모는 3구로 찔러서 몸통에 붙인다. 몸통과 다리를 튼튼하게 연결하기 위해 베이지를 얇게 뽑아서 시작 부분을 고정해준다.

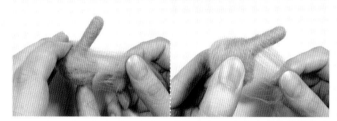

㉗ 베이지 양모를 몸통과 다리 부분에 얇게 돌려서 감아주고, 남아있는 결도 모두 덮어준다.

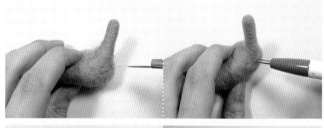

㉘ 1, 3구로 다리와 몸통 부분을 찔러서 다리를 튼튼하게 고정한다. 동일한 방법으로 나머지 다리도 붙인다.

㉙ 다리의 길이가 조금씩 다를 경우 다리 끝부분을 1, 3구로 찔러서 맞춰준다.

꼬리 연결하기 ||||||||||||||||||||||||||||||||||||||||||||||||||||||||||||||||||||||||||||||||||||

㉚ 준비한 꼬리도 끝부분을 살짝 펼쳐서 엉덩이 부분에 올려주고 1, 3구로 찔러서 고정한다.

줄무늬 넣기 ||||||||||||||||||||||||||||||||||||||||||||||||||||||||||||||||||||||||||||||||||||

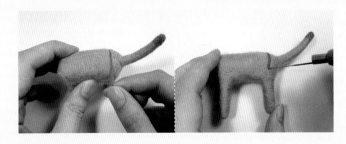

㉛ 주황색 양모를 실처럼 얇게 뽑아서 시작 부분을 1구로 찔러서 몸통에 넣어주고, 살짝 당겨서 반대편도 마찬가지로 찔러서 넣는다.

몸통과 얼굴 연결하기 ||||||||||||||||||||||||||||||||||||||||||||||||||||||||||||||||||||||

㉜ 무늬의 중간은 2구로 얇게 찔러서 고정한다. 몸통과 얼굴은 대각선 방향으로 1구로 깊게 찔러서 고정한다.

㉝ 몸통의 측면과 배 쪽에서 깊게 찔러 얼굴과 몸통을 튼튼하게 연결한다.

Tip 얼굴과 몸통을 더욱 튼튼하게 연결하려면, 실과 바늘로 몸통과 얼굴을 꿰매고 1구로 더 깊게 찌르면 된다.

식빵고양이 뮤뮤

준비물

• 양모솜
• 메리노 70수 양모
  (베이지, 주황색, 흰색)

작업 순서

❶ 기본 베이스 만들기
❷ 얼굴 완성하기
❸ 베이지색 입히기
❹ 다리, 꼬리 만들기
❺ 다리, 꼬리 연결하기
❻ 줄무늬 넣기

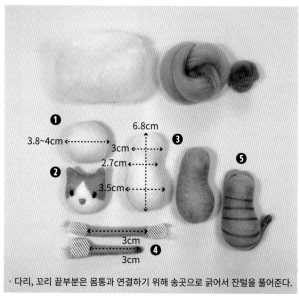

· 다리, 꼬리 끝부분은 몸통과 연결하기 위해 송곳으로 긁어서 잔털을 풀어준다.

얼굴, 몸통 베이스 만들기 ||||||||||||||||||||||||||||||||||||||||||||||

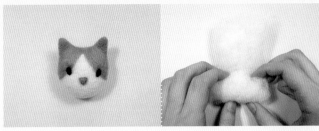

① 고양이 뮤뮤 p131~133을 참고해서 얼굴을 만들어준다. 몸통 베이스의 폭만큼 기준으로 잡고 돌려서 말아준다.

Tip 베이스 폭 : 3.5~4.5cm

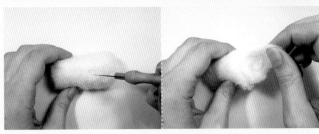

② 원통형으로 잡아주고 끝부분이 풀리지 않도록 1구로 고정한다. 위아래의 가장자리 결을 당겨서 덮어준다.

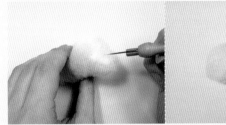

③ 양쪽 측면을 1구로 찔러서 고정해준다.

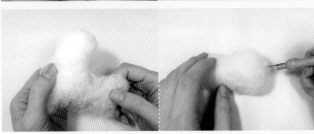

④ 몸통의 1/2 지점인 엉덩이 위치에 양모솜을 둘러서 감아주고 1구로 찔러서 고정해준다.

⑤ 전체 몸통을 1, 3구로 찔러 부피를 줄여가며 형태를 다듬는다. 허리 라인을 살짝 넣어서 엉덩이 부분이 동그랗게 보이도록 한다.

몸통 색 입히기

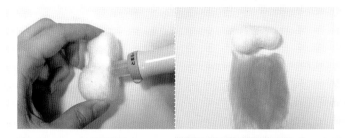

⑥ 바닥면은 5구로 찔러서 평평하게 만들어주고, 베이지색 양모를 몸통 길이에 맞게 뽑아준다.

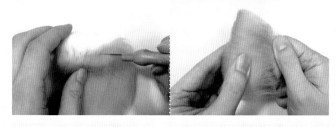

⑦ 베이지색 양모의 시작 부분을 1구로 찔러서 고정해주고, 몸통에 최대한 밀착해서 감아준다.

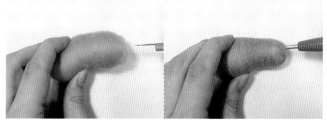

⑧ 베이지 끝부분과 양쪽 가장자리를 1구로 찔러서 고정하고, 몸통 전체의 형태를 유지하면서 1, 3구로 찔러 색을 입혀준다.

다리 만들기 ||||||||||||||||||||||||||||||||||||||||||||||||||||||||||||||||||||||||||||

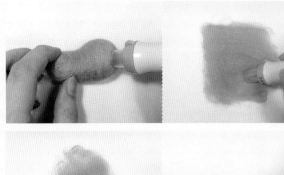

⑨ 엉덩이 부분의 넓은 면은 5구로 찔러서 다듬어준다. 다리를 만들기 위해 양모를 가로, 세로로 얇게 깔아서 면을 만들어준다.

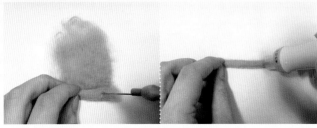

⑩ 처음부터 막대 형태로 얇게 말아가면서 1구로 고정하고, 5구로 찔러서 부피를 줄여준다.

⑪ 가장자리를 제외한 부분은 2, 3구로 균일하게 찔러서 두께를 일정하게 맞추고, 가장자리를 송곳으로 살살 풀어준다.

꼬리 만들기 ||||||||||||||||||||||||||||||||||||||||||||||||||||||||||||||||||||||||||||

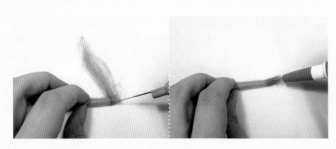

⑫ 꼬리도 다리와 동일한 방법으로 면을 만들어서 감되 다리보다는 얇게 만든다. 끝에 주황색 양모를 찔러서 색을 입힌다.

다리 연결하기

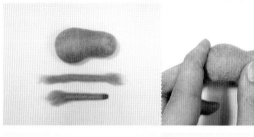

⑬ 몸통과 다리, 꼬리를 준비하고, 다리를 몸통 측면에 1구로 찔러서 고정한다.

⑭ 다리의 나머지 부분은 반대편으로 당겨 1구로 찔러서 고정하고, 3구로 찔러서 몸통에 붙여준다.

⑮ 베이지 양모를 얇게 뽑아서 몸통과 다리가 만난 부분을 감고 3구로 찔러서 남아있는 결을 감춘다.

⑯ 가슴 쪽의 다리 중앙을 1, 2구로 찔러서 다리가 안쪽으로 들어간 모습으로 다듬어준다.

꼬리 연결하기

⑰ 꼬리의 끝부분도 송곳으로 살살 펼쳐서 준비하고, 엉덩이 끝부분에 1구로 찔러서 고정한다.

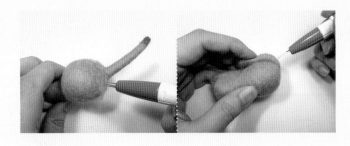

⑱ 꼬리 주변은 3구로 찔러서 엉덩이와 자연스럽게 연결하고, 꼬리를 엉덩이에 붙이고 구부린 다음 2구로 찔러 고정한다.

줄무늬 넣기 |||||||||||||||||||||||||||||||||||||||||||||||||||||||||||

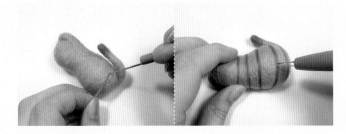

⑲ 주황색 양모를 실처럼 얇게 뽑아서 1구로 처음과 끝부분을 찔러 줄무늬를 만든다. 등 전체에 줄무늬를 5개 정도 넣어준다.

가슴에 흰색 입히기 |||||||||||||||||||||||||||||||||||||||||||||||

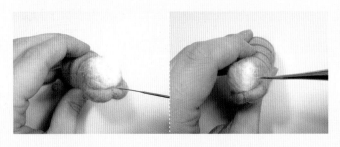

⑳ 5구로 만든 얇은 흰색 면을 가슴 부분에 1구로 찔러서 붙여준다. 가장자리는 송곳으로 살살 펼쳐서 그라데이션이 되도록 해준다.

얼굴＋몸통 연결하기 ||||||||||||||||||||||||||||||||||||||||||||

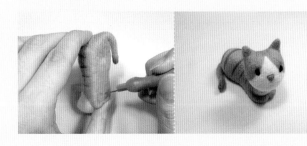

㉑ 몸통의 바닥면에서 대각선 방향으로 1구를 깊게 찔러서 얼굴과 몸통을 연결시킨다.

Tip 연결 부위가 약할 경우, 실로 연결해주세요.

강아지 닥스훈트

준비물

- 양모솜
- 메리노 70수 양모
  (브라운, 베이지, 진갈색)
- 털실

작업 순서

❶ 기본 베이스 만들기
❷ 얼굴 브라운색 입히기
❸ 귀 만들어서 연결하기
❹ 몸통 브라운색 입히기
❺ 다리, 꼬리 만들기
❻ 다리, 꼬리 연결하기

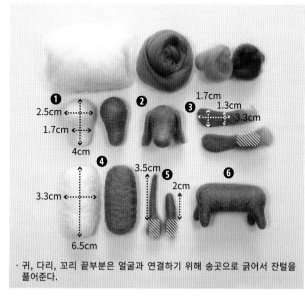

❶ 2.5cm ↔ / 1.7cm / 4cm
❷
❸ 1.7cm / 1.3cm / 3.3cm
❹ 3.3cm ↔ / 6.5cm
❺ 3.5cm / 2cm
❻

· 귀, 다리, 꼬리 끝부분은 얼굴과 연결하기 위해 송곳으로 긁어서 잔털을
풀어준다.

0   5   10cm

기본 몸통 베이스 만들기

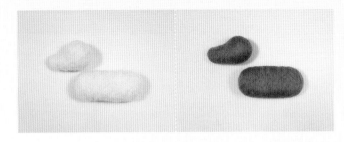

① 양모솜으로 얼굴과 몸통 형태를 만들고, 브라운 + 연베이지 양모를 섞어서 색을 입힌다. p121 ①~③번을 참고해서 얼굴을 만들고, p134 ⑬~⑰번을 참고해서 몸통을 만들어준다.

Tip 얼굴은 입이 조금 길게 나오도록 만든다.

귀 만들기

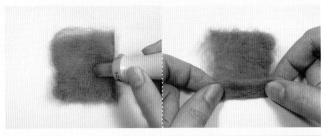

② 얇은 면을 만들고 1~1.5cm 정도의 폭으로 접어 기준을 삼고, 더 접어서 부피감있게 만들어준다.

Tip 면이 너무 두꺼워지지 않도록 접는 횟수를 조절한다.

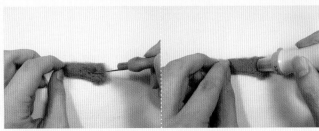

③ 직사각형으로 접어서 1구로 고정하고 5구로 찔러서 면을 만든다.

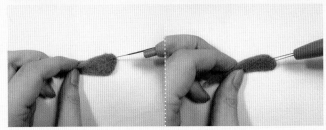

④ 1구로 귀의 끝부분을 다듬으면서 면적을 맞추고, 2구로 찔러 두께를 다듬는다.

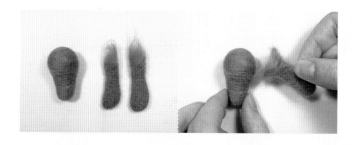

⑤ 귀 2개를 만들고, 귀의 끝부분을 송곳이나 손으로 펼쳐서 준비한다.

귀 연결하기 ||||||||||||||||||||||||||||||||||||||||||||||||||||||||||||||||||||||||||||||||||||||||||

⑥ 귀를 머리 중앙 라인에서 조금 아래에 올려놓고 1구를 이용해 앞, 뒤로 깊게 찔러서 고정한다. 귀 주변은 3구로 찔러서 면을 다듬는다.

⑦ 1구로 귀 끝부분을 찔러 귀의 곡선 라인을 만들어주고, 귀와 얼굴이 연결된 부분을 2구로 살짝 찔러서 얼굴에 붙인다.

눈, 코 ||||||||||||||||||||||||||||||||||||||||||||||||||||||||||||||||||||||||||||||||||||||||||

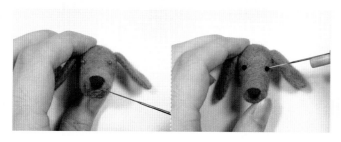

⑧ 3구 바늘로 진갈색 소량을 면으로 만들고, 잔털을 아래로 접어 테두리만 찔러서 코를 붙인다. 시침핀으로 눈의 위치를 정하고 검정색을 동그랗게 모아서 그 위에 붙인다.

몸통에 다리 연결하기

⑨ p135~136 ⑱~㉓번 다리 만드는 방법을 참고해서 다리를 만드는데, 닥스훈트는 기존 강아지 다리의 1/2 길이로 짧게 만들어 준다. 준비된 다리는 몸통 모서리에 올려주고 1구로 고정한다.

다리 연결하기

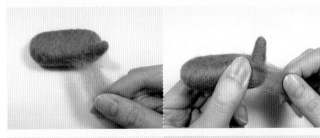

⑩ 브라운 양모를 얇게 뽑아서 다리와 몸통에 감싼다.

⑪ 감싼 부분을 3구로 찔러서 붙여주고, 나머지 다리도 같은 방법으로 연결한다.

꼬리 만들기

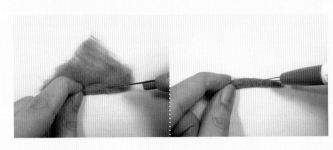

⑫ 얇은 면을 만들고, 사각형에서 꼭짓점을 가운데에 오도록 놓고, 말아서 끝부분이 얇아지는 막대 형태로 만든다.

꼬리 연결하기

⑬ 꼬리의 끝부분을 송곳으로 살살 풀어주고, 손으로 펼친 다음 엉덩이에 1구로 찔러서 고정한다.

머리 + 몸통 연결하기

⑭ 꼬리 주변을 3구로 찔러서 몸통과 균일하게 붙여주고, 몸통과 머리를 잡고 1구로 깊게 찔러서 고정한다.

⑮ 몸통에서 측면, 배에서 대각선 방향으로 깊게 여러 번 찔러서 고정한다.

머플러

⑯ 털실을 감아 머플러로 연출한다.

강아지 시바견

준비물

- 양모솜
- 메리노 70수 양모
  (베이지, 흰색, 연베이지)
- 모직 원단

작업 순서

❶ 기본 베이스 만들기
❷ 얼굴 완성하기
❸ 몸통에 색 입히기
❹ 다리, 꼬리 만들기
❺ 다리, 꼬리 연결하기

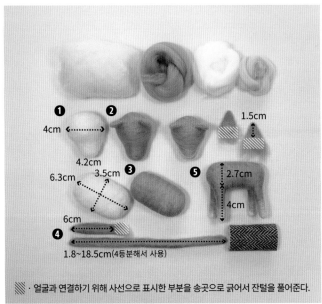

❶ 4cm
❷
1.5cm
4.2cm
6.3cm
3.5cm
❸
❺ 2.7cm
4cm
6cm
❹
1.8~18.5cm(4등분해서 사용)

▨ · 얼굴과 연결하기 위해 사선으로 표시한 부분을 송곳으로 긁어서 잔털을 풀어준다.

0   5   10cm

기본 베이스 만들기 ||||||||||||||||||||||||||||||||||||||||||

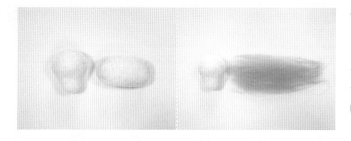

① p64 시바견 브로치를 참고해서 얼굴을 동그랗게 만들어주고, p134를 참고해서 몸통 베이스를 만든다. 베이지색 양모를 얼굴에 씌울 만큼 뽑는다.

Tip 강아지이므로 머리는 동그랗게 만든다.

얼굴 ||||||||||||||||||||||||||||||||||||||||||

② p66~67 ⑥~⑪번까지 참고해서 얼굴을 만든다. 얼굴에 베이지색을 입힌다. p67 ⑫번을 참고하여 흰색 면을 얼굴 중앙에 고정하고 측면 얼굴에 당겨서 1구로 고정하며 붙여준다.

얼굴에 흰색 입히기 ||||||||||||||||||||||||||||||||||||

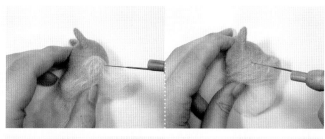

③ 흰색 면을 3, 5구로 턱 아래에 그대로 찔러서 균일하게 붙여준다.

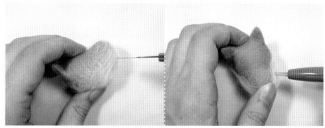

④ 흰색 양모로 덮은 부분을 1구로 듬성듬성 찔러서 고정하고, 3구로 얼굴 측면과 턱 부분을 찔러준다.

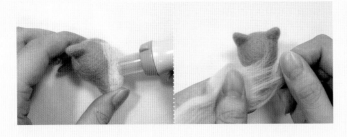

⑤ 턱 아래의 넓은 부분은 5구로 찔러서 면을 다듬어준다. 소량의 연베이지를 얇게 뽑아서 얼굴에 가로로 살짝 올려준다.

얼굴에 색(연베이지) 입히기 ||||||||||||||||||||||||||||||||||||||||||||||||||||||||

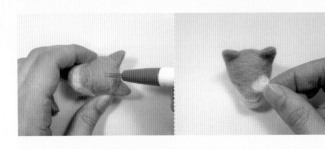

⑥ 연베이지를 3구를 이용해 얼굴의 가로 방향으로 찔러서 붙여준다. 귀에 붙일 흰색 양모를 5구로 얇게 면을 만들고, 삼각형 형태로 접어서 준비한다.

귀에 흰색 넣어주기 ||||||||||||||||||||||||||||||||||||||||||||||||||||||||||||

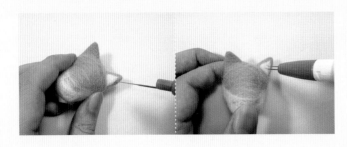

⑦ 얇게 만든 흰색 삼각형 양모를 귀 위에 올려놓고 1구로 테두리를 찔러가며 붙이고, 중앙은 3구로 찔러서 붙인다.

코, 눈, 눈썹, 혀 ||||||||||||||||||||||||||||||||||||||||||||||||||||||||||||||||

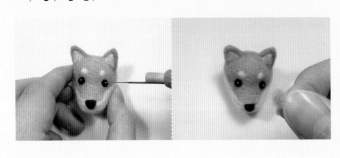

⑧ p69 ⑰~⑱번을 참고해서 코와 눈을 붙인다. 흰색 눈썹을 1구로 찔러가며 타원형 모양으로 붙인다. 연핑크와 흰색 소량을 얇게 섞어서 3구로 작은 직사각형 형상의 면을 만든다. 모서리 부분을 1구로 다듬어서 곡선이 되도록 준비한다.

혀, 입 모양 |||||||||||||||||||||||||||||||||||||||||||||||||||||||||||||||||

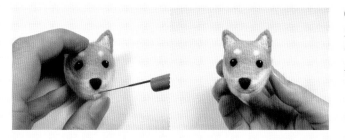

⑨ 혀의 끝부분은 입 부분 안쪽으로 찔러 넣어서 붙인다.
입 모양은 1구로 얇게 찔러서 웃는 모습으로 만들어준다.

몸통 + 다리 만들기 |||||||||||||||||||||||||||||||||||||||||||||||||||||

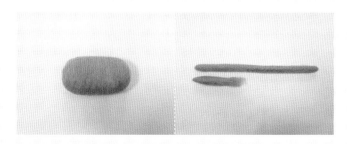

⑩ p135 ⑯~⑱의 몸통을 참고해서 베이지색 양모를 입힌다.
p135~136 ⑱~㉓의 다리 만드는 방법을 참고해서 다리와 꼬리를 만든다.

다리에 색 입히기 ||||||||||||||||||||||||||||||||||||||||||||||||||||

⑪ 다리를 4등분으로 나누고, 다리 끝부분에 흰색 양모를 살짝 감고 2구로 찔러서 붙여준다.

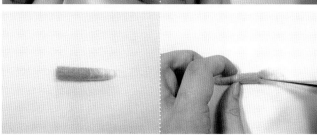

⑫ 다리가 완성되면 몸통과 연결할 끝부분을 송곳으로 살살 풀어서 준비한다.

다리 연결하기

⑬ 끝부분을 얇게 펼친 다리를 몸통 모서리 부분에 올려놓고, 1구로 원을 그리듯이 깊게 찔러가며 고정한다.

다리 연결하고 보강하기

⑭ 몸통과 다리 부분을 보강하기 위해 베이지 양모를 얇게 펼쳐서 감싸준다. 감싼 베이지 양모 부분을 2, 3구로 찔러서 몸통과 자연스럽게 연결한다.

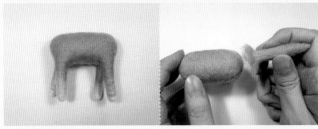

⑮ 나머지 다리도 동일한 방법으로 몸통과 연결해준다. 다리의 길이가 다를 수 있으므로 확인하며 진행한다. 준비한 꼬리도 몸통과 연결할 끝부분을 펼쳐놓는다.

꼬리 연결하기

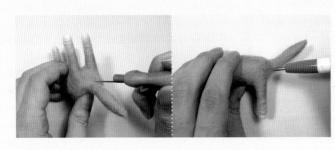

⑯ 끝부분을 얇게 펼친 꼬리를 1구로 깊게 찔러서 고정한 후, 3구로 균일하게 찔러서 엉덩이에 붙여준다.

꼬리 휘어주기

⑰ 꼬리를 잡고 둥글게 눌러서 1구로 찔러주면 그 방향으로 휘어진다.

목 연결 부분 만들기

⑱ 얼굴과 연결할 부분에 동그란 형태로 만든 양모솜을 1구로 찔러서 고정한다.

얼굴, 몸통 연결하기

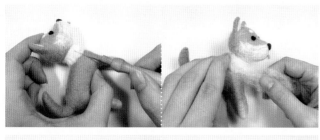

⑲ 얼굴과 대각선 방향으로 1구로 깊게 찔러가며 연결해준다. 양모솜을 목의 두께만큼 얇고 길게 감아서 목을 두껍게 만들어준다.

⑳ 3구로 목 부분의 양모솜을 찔러 부피를 줄이며 보강해준다. 베이지 양모를 목 부분에 가로 방향으로 얇게 돌려서 감고 3구로 찔러서 붙인다.

가슴에 흰색 입히기 |||||||||||||||||||||||||||||||||||||||||||||||||||||||||||||||||||

㉑ 5구로 흰색 면을 만들고, 턱 아래부터 가슴까지 다 붙인다. 흰색의 가장자리는 송곳으로 살살 펼쳐서 그라데이션이 되도록 하고, 3구로 다듬어준다.

머플러 두르기 |||||||||||||||||||||||||||||||||||||||||||||||||||||||||||||||||||||||||||||

㉒ p165 ㉛~㉜의 웰시코기 머플러와 동일하게 만들어준다. 머플러를 목에 감싸서 연출하면 완성된다.

강아지 웰시코기

준비물

- 양모솜
- 메리노 70수 양모
  (베이지, 흰색, 진브라운)
- 모직 원단

작업 순서

❶ 기본 얼굴, 몸통 베이스 만들기
❷ 얼굴 베이스 연결하기
❸ 얼굴에 흰색 입히기
❹ 귀 만들어서 연결하기
❺ 몸통에 베이지색 입히기
❻ 다리(흰색, 베이지) 만들기
❼ 다리 연결하기

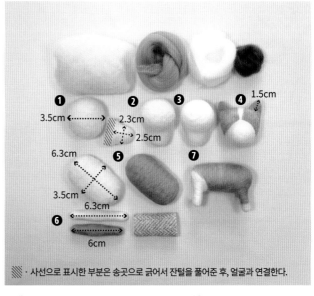

❶ 3.5cm 2.3cm 2.5cm
❷ ❸ ❹ 1.5cm
6.3cm ❺ ❼
3.5cm 6.3cm
❻ 6cm

▨ · 사선으로 표시한 부분은 송곳으로 긁어서 잔털을 풀어준 후, 얼굴과 연결한다.

0   5   10cm

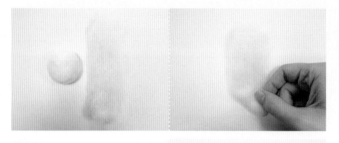

기본 도형

얼굴, 몸통 베이스 만들기 ||||||||||||||||||||||||||||||||||||||||||||||||||

① p56 ①~③번을 참고하여 동그란 원형으로 얼굴을 만들어준다. 입 부분을 만들기 위해 양모솜을 세로로 깔아주고 시작 부분을 삼각형으로 접는다.

② 원뿔 형태로 감아서 말아주고 끝부분이 풀리지 않도록 1구로 고정하고, 가장자리의 결을 덮어서 다시 1구로 고정해준다.

③ 3구로 찔러가며 부피를 줄여서 다듬어주고 얼굴과 연결할 부분을 살살 풀어서 준비한다.

얼굴 + 입 부분 연결하기 ||||||||||||||||||||||||||||||||||||||||||||||||||

④ 얼굴 원형의 아랫면에 맞춰 1구 바늘을 이용해 대각선 방향으로 깊게 찔러서 입 부분을 고정하고, 3구로 연결 부분을 찔러서 다듬어준다.

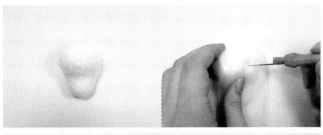

⑤ 얼굴과 입을 연결한 모습을 확인한다. 흰색 양모를 얼굴 길이에 맞춰 뽑고, 시작 부분은 1구로 찔러서 고정해준다.

⑥ 1구로 가장자리를 찔러주고 얼굴 전체를 3, 5구로 균일하게 찔러서 얼굴에 흰색 양모를 붙여준다. 머리 위쪽은 5구로 찔러서 동그랗게 다듬는다.

얼굴 색 입히기 ||||||||||||||||||||||||||||||||||||||||||||||||||||||||||||||||||||||||||||||||||||||||||||||||||||

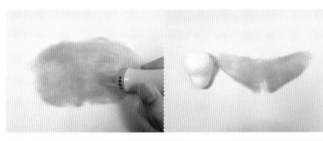

⑦ 5구 바늘로 베이지 면을 직사각형 형상으로 얇게 만들어주고, 가운데를 가위로 반 정도 잘라서 준비한다.

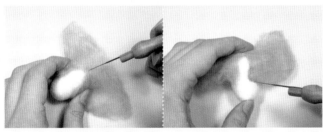

⑧ 머리 중앙에 1구로 면을 고정하고, 얼굴 라인을 따라 1구로 얇게 찔러가며 붙여서 무늬를 만들어준다.

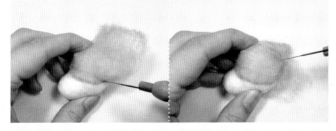

⑨ 베이지 면을 얼굴 측면으로 돌려가며 1구로 고정하고, 남은 면으로 얼굴 뒷부분을 감싼 다음 찔러서 고정해준다. 반대편도 같은 방법으로 얼굴에 붙여준다.

귀 만들기

⑩ 베이지 면은 3구로 균일하게 찔러서 머리에 붙여준다. 귀는 p131~132 ③~⑥번을 참고해서 준비한다.

⑪ 아래를 살살 풀어둔 귀를 머리에 얹고, 1구로 앞뒤를 깊게 찔러서 고정해준다.

⑫ 귀와 연결되는 아랫면을 얼굴에 찔러서 고정하고, 얼굴 중앙의 흰색 테두리에 붙일 브라운 양모 소량을 얇게 비벼서 면을 만들어준다.

⑬ 흰색과 접하는 부분에 브라운 양모를 살짝 얹어서 3구로 붙여준다.
갈색 양모 소량을 뽑아 3구로 작은 면을 준비해 코를 만들어준다.

코 연결하기

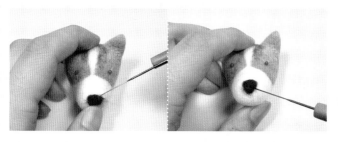

⑭ 눈 위치를 시침핀으로 표시한 후 잔털을 비율에 맞게 아래로 접어서 작은 코를 만든다. 윗면부터 양측 사선으로 테두리를 1구로 찔러가며 붙여준다.

눈

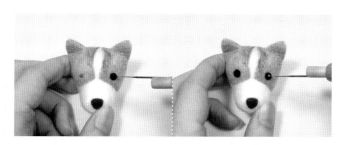

⑮ 소량의 검정색을 동그랗게 모아 1구로 고정해서 눈 위치에 붙여주고, 마무리용으로 1구를 이용해 흰색 양모를 넣어 작은 눈동자를 만든다.

몸통 만들기

⑯ p134~135 ⑬~⑭번을 참고해서 얼굴의 2배 크기인 몸통을 만들어준다. 몸통 길이에 맞게 베이지색 양모를 뽑아 1구로 시작 부분을 찔러서 몸통에 고정한다.

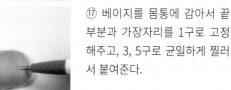
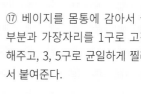

⑰ 베이지를 몸통에 감아서 끝부분과 가장자리를 1구로 고정해주고, 3, 5구로 균일하게 찔러서 붙여준다.

다리 만들기

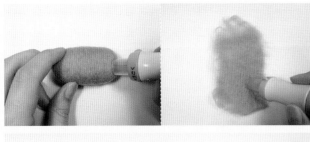

⑱ 몸통을 5구로 다듬어 준비해주고, 다리를 만들기 위해 베이지를 가로, 세로로 얇게 깔아서 5구로 면을 만들어준다.

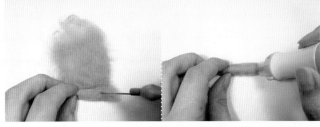

⑲ 면을 처음부터 막대 형태로 말아주면서 1구로 찔러서 고정하고, 5구로 부피를 줄여준다.

⑳ 2구 바늘로 찔러가며 두께를 균일하게 맞춘다. 베이지와 흰색으로 2개를 준비한다.

발끝에 흰색 입혀주기

㉑ 흰색 양모를 소량만 뽑아서 베이지색 다리의 끝에 1구로 찔러서 고정하고, 2구로 찔러서 양끝에 흰색을 입혀준다.

㉒ 가위로 다리를 반 자르고, 끝단을 송곳으로 살살 풀어서 준비한다.

다리 연결하기(베이지)

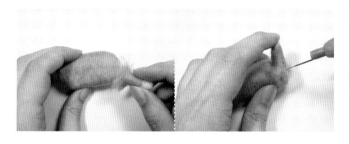

㉓ 펼친 다리의 끝부분을 몸통 모서리 부분에 올려주고 1구로 깊게 찔러서 고정한다.

Tip p137 ㉖~㉘, 다리 연결 보강하기 참고

다리 연결하기(흰색)

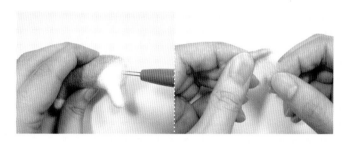

㉔ 흰색 다리도 같은 방법으로 붙여주고, 가슴까지 흰색 면으로 덮어준다. 꼬리는 베이지색 양모 소량으로 면을 만들고, 다리 만드는 방법을 그대로 이용하되 길이를 짧게 한다.

꼬리 만들기

㉕ 꼬리를 2구로 찔러 전체 길이를 짧게 만든다. 끝부분은 조금 얇게 다듬고, 아랫면을 살살 풀어서 준비한다.

등에 브라운 입히기

㉖ 1, 3구로 엉덩이 부분에 꼬리를 연결해서 붙여주고, 브라운 양모 소량을 얇은 면으로 만들어서 등 부분에 살짝 얹어준다.

목 연결 부분 ||||||||||||||||||||||||||||||||||||||||||||||||||||||||||||||||||||||||||||||||

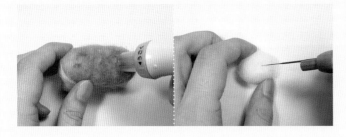

㉗ 브라운 면을 5구로 얇게 찔러서 몸통에 붙여준다. 양모솜을 동그란 형태로 모아 얼굴과 몸통을 연결할 목 부분을 만든다.

얼굴, 몸통 연결하기 ||||||||||||||||||||||||||||||||||||||||||||||||||||||||||||||||||||||

㉘ 양모솜을 목 부분에 찔러서 고정해주고 얼굴과 함께 대각선 방향으로 깊게 찔러서 몸통과 연결해준다.

목 보강하기 ||||||||||||||||||||||||||||||||||||||||||||||||||||||||||||||||||||||||||||||||||

㉙ 목 부분에 양모솜을 얇게 감아서 면을 덮어주고 3구로 찔러서 보강해준다.

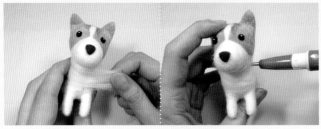

㉚ 흰색 양모를 목 부분에 가로 방향으로 얇게 둘러 감고, 3구로 균일하게 찔러가며 목 부분을 다듬어준다.

머플러 만들기 ||||||||||||||||||||||||||||||||||||||||||||||||||||||||||||||||||||||||

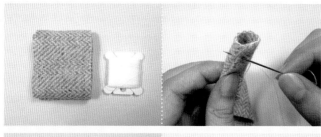

③1 모직 원단을 인형의 목 둘레에 감아서 길이를 확인해보고 세로로 길게 준비한다. 단면상으로 원통형이 되도록 바느질을 해준다.

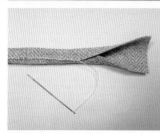

③2 바느질을 하면서 가장자리 끝부분은 살짝 남겨둔다. 송곳으로 원단 끝부분의 결을 살살 풀어서 머플러에서 잔털이 나오도록 한다.

③3 머플러를 목에 둘러서 연출한다.

6

동물 인형 만들기

코알라 코코

곰돌씨

통통돼지

코알라 코코

준비물

- 양모솜
- 코리데일(그레이)
- 메리노 70수 양모
  (블루믹스, 브라운믹스, 고동색)
- 털실

작업 순서

❶ 얼굴, 몸통 베이스 만들기
❷ 그레이색 입히기
❸ 귀 만들기
❹ 귀 연결하기
❺ 팔, 다리 만들기
❻ 옷 입혀주기

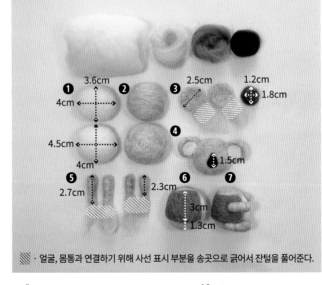

❶ 3.6cm
4cm
❷ ❸ 2.5cm
❹ 1.2cm / 1.8cm
4.5cm
4cm
1.5cm
❺ 2.7cm
2.3cm
❻ ❼
3cm
1.3cm

▨ · 얼굴, 몸통과 연결하기 위해 사선 표시 부분을 송곳으로 긁어서 잔털을 풀어준다.

0   5   10cm

얼굴, 몸통 베이스 만들기 ||||||||||||||||||||||||||||||||||||||||||||||||||||||||||||

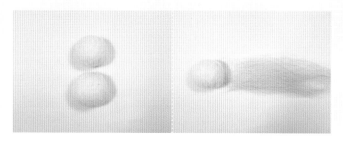

① 베이스 양모로 얼굴과 몸통을 만드는데, 몸통은 얼굴보다 약간 크게 한다. 코리데일 그레이 양모를 얼굴 폭에 맞게 준비해준다.

그레이색 입히기 ||||||||||||||||||||||||||||||||||||||||||||||||||||||||||||

② 시작 부분을 1구로 찔러서 고정하고 전체를 돌려서 감아준다.

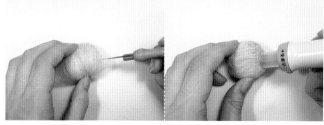

③ 가장자리를 1구로 찔러서 붙이고 3, 5구 바늘을 이용해 동그란 베이스 모양대로 색을 입힌다.

귀 만들기

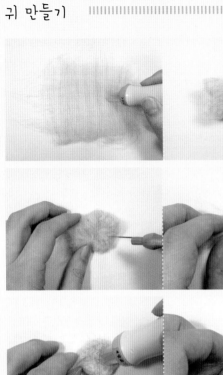

④ 5구 바늘로 그레이 면을 얇게 만들고, 반으로 잘라 4cm 폭의 직사각형 면을 접어 귀를 만들 준비를 한다.

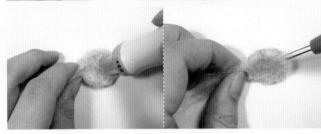

⑤ 모서리 부분부터 안쪽으로 1구로 찔러 넣어 면적을 줄이고, 동그란 형상으로 다듬어준다.

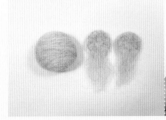

⑥ 5구로 면을 단단하게 만들고 3구로 측면 테두리를 찔러 다듬어서 부피감 있도록 해준다.

⑦ 얼굴과 귀 2개를 준비해주고, 귀의 아랫면 양모를 살살 풀어서 펼쳐준다.

귀 연결하기

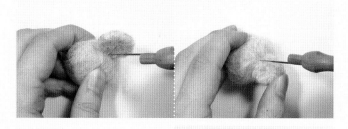

⑧ 귀를 얼굴의 측면에 올려놓고 1구로 앞뒤를 깊게 찔러서 고정한다.

Tip 귀를 얼굴 방향으로 살짝 누르면 빨리 붙는다.

⑨ 얼굴 면에 나머지 잔털을 균일하게 붙여서 고정해주고, 소량의 흰색 양모를 뽑아서 5구로 작은 면을 만들어준다.

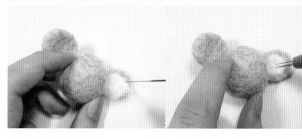

⑩ 흰색을 귀에 올려놓고 1구를 이용해 테두리를 원형으로 찔러가며 면적을 맞춰준다. 가운데 부분은 3구로 얇게 찔러서 붙여준다.

코 연결하기

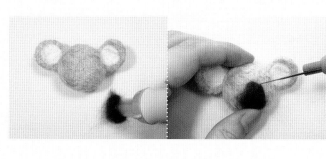

⑪ 고동색 양모를 소량 뽑아 코의 크기에 맞게 면을 만든 다음, 물방울 모양으로 접어서 얼굴 중앙에 1구로 고정하고 테두리를 돌아가며 찔러서 붙여준다.

눈 연결하기 ||||||||||||||||||||||||||||||||||||||||||||||||||||||||||||||

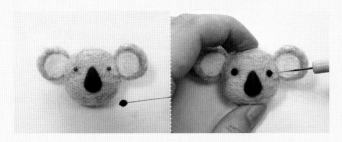

⑫ 시침핀으로 눈의 위치를 정하고, 검정색 양모를 동그랗게 모아서 1구로 테두리만 찔러서 붙여준다.

팔, 다리 만들기 ||||||||||||||||||||||||||||||||||||||||||||||||||||

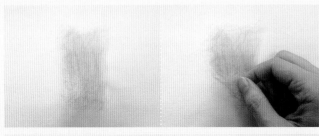

⑬ 팔, 다리를 만들기 위해 그레이 면을 얇게 만들어주고, 시작 부분을 삼각형으로 접어준다.

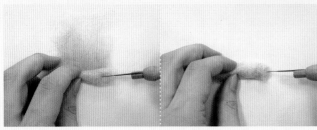

⑭ 처음부터 막대 형태로 말아가면서 1구로 풀리지 않도록 고정하고, 가장자리도 안쪽으로 찔러서 고정한다.

⑮ 5구로 찔러가며 부피를 줄이고, 2, 3구로 돌려가며 찔러서 끝부분이 약간 도톰한 팔, 다리를 만들어준다.

몸통

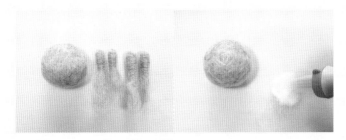

⑯ 몸통과 팔, 다리를 준비해주고, 5구 바늘로 배 부분에 붙일 흰색 면을 작게 만들어준다.

⑰ 흰색 면을 타원형 모양으로 배 부분에 찔러가며 테두리를 고정하고, 중앙은 3구로 찔러서 붙여준다.

옷

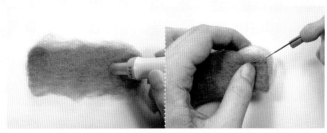

⑱ 가로, 세로로 블루믹스를 깔아서 5구로 면을 만들어주고, 테두리를 안쪽으로 살짝 접어서 1구 바늘로 찔러가며 몸통에 고정해준다.

⑲ 테두리를 1구로 찔러가며 반대편까지 고정해준다.

⑳ 옷은 1, 3구로 몸통에 찔러서 붙여준다.

Tip 옷의 두께감이 표현되도록 너무 깊게 찌르지 않는다.

팔 연결하기 |||||||||||||||||||||||||||||||||||||||||||||||||||||||||||||||||||

㉑ 팔의 끝부분을 1구로 깊게 찔러가며 잔털을 몸통 안으로 넣어서 고정해준다.

다리 연결하기 ||||||||||||||||||||||||||||||||||||||||||||||||||||||||||||||||||

㉒ 다리도 끝부분을 옷 아래 몸통에 1구로 찔러 넣어서 고정해준다.

모자 만들기 |||||||||||||||||||||||||||||||||||||||||||||||||||||||||||||||||||

㉓ 브라운믹스를 소량 뽑아서 면을 만들고 1구로 작은 원 모양이 되도록 면적을 줄여가며 다듬어준다.

㉔ 2구로 약간 두께감있는 원을 만들고, 다시 작은 원을 두께감 있게 만들어 놓는다.

얼굴, 몸통 연결하기 |||||||||||||||||||||||||||||||||||||||||||||||||||||||||||||

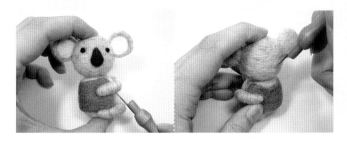

㉕ 얼굴, 몸통을 1구로 몸통에서 돌아가며 대각선 방향으로 깊게 찔러서 연결한다.

모자와 머플러 ||||||||||||||||||||||||||||||||||||||||||||||||||||||||||||||||||

㉖ 모자는 큰 원과 작은 원을 겹쳐서 1구로 테두리를 돌아가며 깊게 찔러서 고정해주고, 털실을 살짝 감아서 머플러로 연출한다.

곰돌씨

준비물

- 양모솜
- 메리노 70수 양모
  (진그레이, 연그레이, 믹스그레이,
  민트, 파란색, 청록색)

작업 순서

❶ 기본 몸통 베이스 만들기
❷ 그레이색 입히기
❸ 귀, 팔, 다리 만들기
❹ 귀, 팔, 다리 연결하기
❺ 가방 만들기
❻ 머플러 바느질하기

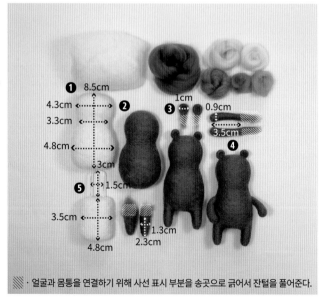

❶ 8.5cm
4.3cm
3.3cm
4.8cm
❷
❸ 1cm
0.9cm
3.5cm
❹
3cm
❺ 1.5cm
3.5cm
1.3cm
2.3cm
4.8cm

▨ · 얼굴과 몸통을 연결하기 위해 사선 표시 부분을 송곳으로 긁어서 잔털을 풀어준다.

0   5   10cm

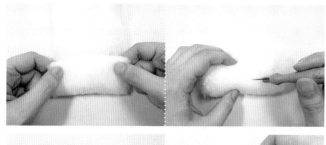

기본 도형

기본 몸통 베이스 만들기

① 베이스 양모를 직사각형(5x 9cm) 기준으로 돌려서 말아주고, 끝부분이 풀리지 않도록 1구로 찔러서 고정해준다.

② 측면을 보면 결이 그대로 남아 있기 때문에 가장자리 양모를 살살 당겨서 덮어준다.

③ 양모 가장자리를 양측에서 당겨서 결을 덮고 1구로 찔러서 고정해준다.

④ 몸통에서 모서리 부분은 1구로 찔러서 넣어주고, 3구로 곡면이 되도록 부피를 줄이며 찔러준다.

목 라인 넣기

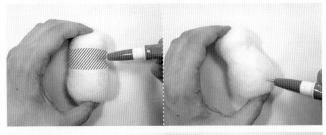

⑤ 얼굴 부분을 찔러서 동그랗게 만들어준다. 전체 몸통의 1/3 지점에 목 라인을 살짝 넣어서 경계를 만들어주고, 전체 부피를 줄여가며 다듬는다.

⑥ 몸통은 앞뒤로 통통하게 만들어주고, 5구 바늘로 머리 부분을 찔러서 동그랗게 다듬는다.

진그레이색 입히기

⑦ 기본 베이스를 완성하고, 진그레이색 양모를 베이스 높이에 맞게 뽑아서 준비해준다.

⑧ 시작 부분은 1구로 찔러서 고정하고, 남은 양모는 몸통에 밀착해서 다 감싸준다.

⑨ 몸통에서 양측 가장자리를 1구로 찔러서 고정하고, 나머지는 3구로 찔러서 붙인다.

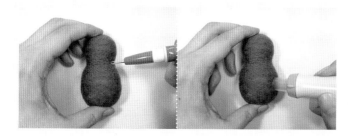

⑩ 1, 3, 5구로 몸통의 형태를 유지하면서 균일하게 찔러 전체 베이스에 색을 입혀준다.

귀 만들기 |||||||||||||||||||||||||||||||||||||||||||||||||||||||||||||||||||||||||||||||||||||||||||||||||||||||||||||||||||

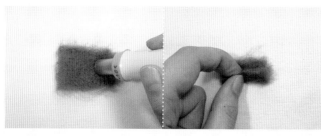

⑪ 5구 바늘로 진그레이색 면을 얇게 만들고, 반으로 잘라 직사각형으로 접어 귀를 만들 준비를 한다.

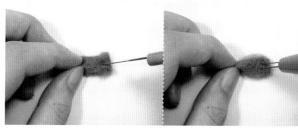

⑫ 1구로 양모 면을 고정해주고, 3구로 단단한 면을 만든다. 귀의 테두리는 동그랗게, 안쪽은 살짝 휘어지도록 다듬는다.

귀 연결하기 |||||||||||||||||||||||||||||||||||||||||||||||||||||||||||||||||||||||||||||||||||||||||||||||||||||||||||||||

⑬ 얼굴과 연결할 아랫부분은 양모를 살짝 풀어서 준비해주고, 머리에 붙일 위치를 확인한 다음 1구로 찔러서 고정해준다.

⑭ 귀에 남아 있는 양모는 2, 3구로 찔러서 머리에 붙여준다.

다리 만들기

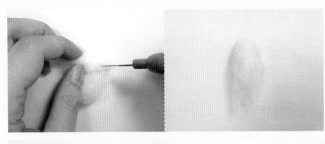

⑮ 양모솜의 처음 부분을 삼각형으로 접어 말면서 원뿔 형태를 만들어 다리 만들 준비를 한다.

⑯ 진그레이색 양모를 가로 방향으로 감아서 덮고 1구로 찔러서 고정해준다.

다리 연결하기

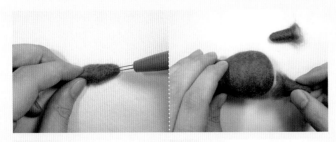

⑰ 2, 3구로 찔러서 다리에 진그레이색을 입혀준다. 몸통과 연결할 다리는 끝부분을 펼쳐서 준비한다.

⑱ 몸통에 다리를 1구로 깊게 찔러서 고정해준다. 진그레이색 양모 소량을 몸통과 다리의 연결 부분에 돌려서 감싸준다.

⑲ 연결한 부분을 3구로 찔러서 튼튼하게 만들어주고, 반대편 다리도 붙여준다. 다리를 모두 연결하고 모양을 확인한다.

팔 만들기

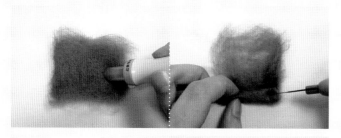

⑳ 5구 바늘로 진그레이 면을 얇게 만들어 팔 만들 준비를 한다. 가장자리를 접어 막대 형태로 말고, 팔의 끝부분이 살짝 두꺼워지도록 한다.

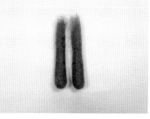

㉑ 2, 3구로 균일하게 찔러서 부피를 줄여 팔을 완성한다.

팔 연결하기

㉒ 팔의 끝부분 양모를 살살 풀고, 1구로 깊게 찔러서 몸에 고정해준다.

㉓ 연결한 부분을 3구로 찔러서 몸통에 고정해주고, 팔을 안쪽으로 붙여가며 2구로 찌르면 팔의 방향이 안쪽으로 휘어진다. 연그레이색 양모 소량을 면으로 만들어서 준비한다.

입

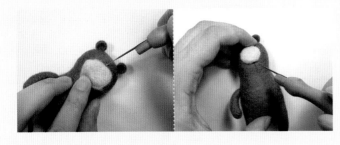

㉔ 얼굴의 중심에 1구로 고정하고, 테두리를 찔러가며 타원형으로 붙인다.

코 만들기

㉕ 진갈색 양모 소량으로 작은 면을 만들고, 삼각형으로 작게 접어서 1구로 테두리만 찔러가며 붙인다.

눈 연결하기

㉖ 짙은 파랑, 청록색 양모 소량을 섞어서 눈을 만들고, 1구로 찔러서 붙여준다.

㉗ 눈까지 붙인 모습을 확인한다. 연그레이와 민트를 소량 섞어서 원형의 작은 면을 만들어준다.

배

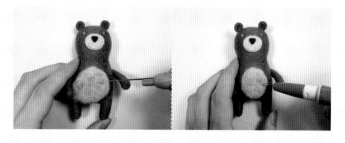

㉘ 배에 1구로 중심을 고정해놓고, 테두리를 찔러서 넣어가며 타원형으로 면적을 맞춰준다. 3구로 나머지 면도 균일하게 찔러서 색을 입힌다.

머플러, 여행 가방 만들기

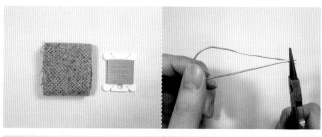

㉙ p165 ㉛~㉜번을 참고해서 머플러를 준비한다. 공예 철사 14~15cm 정도를 자른 후, 플라이어로 끝부분을 잡아준다.

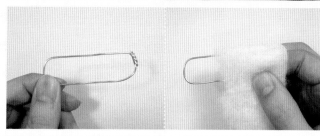

㉚ 끝부분을 플라이어로 돌려서 직사각형 형상으로 가방의 뼈대를 만들어주고, 양모솜으로 아랫부분만 감아준다.

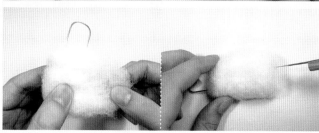

㉛ 여행 가방의 부피만큼 감아주고, 가장자리를 1, 3구로 찔러서 고정하고 부피를 줄여준다.

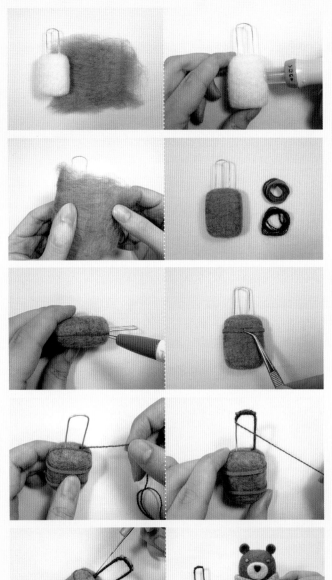

㉜ 여행 가방은 앞뒤와 옆면을 찔러서 각이 있는 형태로 만들어주고, 5구를 이용해 믹스그레이 양모를 면으로 만들어서 준비한다.

㉝ 만든 면을 베이스에 감싸고 1, 3구로 찔러서 색을 입힌다.

㉞ 진갈색을 실처럼 얇게 뽑아 가방 측면에 1, 2구로 찔러서 옆 라인으로 넣어준다. 가죽 끈은 가방 두께에 맞게 자르고, 글루 건을 살짝 묻혀서 가로로 감아 준다.

㉟ 남색 털실을 매듭지어서 1구로 손잡이 시작 부분에 넣어 고정한다. 손잡이의 가죽끈을 폭에 맞게 자르고, 남색 털실로 가장자리를 감아 공예 철사에 고정한 후, 나머지는 손잡이에 촘촘하게 감아준다.

㊱ 반대편의 털실도 다 감아주고 가방 안쪽으로 찔러 넣어서 고정해준다. p165에서 만든 머플러를 목에 두르고 마무리한다.

통통돼지

준비물

- 양모솜
- 메리노 70수 양모
  (핑크, 연핑크, 베이지,
  연베이지, 흰색)
- 펠트지, 모직 원단
- 가죽끈, 글루건

작업 순서

❶ 기본 몸통 베이스 만들기
❷ 핑크색 입히기
❸ 팔, 다리, 귀 만들기
❹ 팔, 다리, 귀 연결하기
❺ 주방 모자, 빵 만들기
❻ 주방 앞치마 만들기

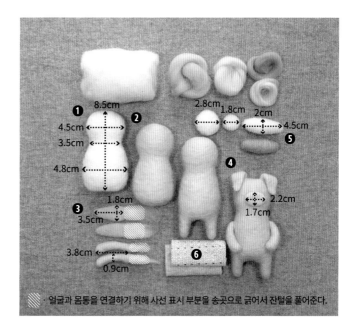

❶ 8.5cm
4.5cm
3.5cm
4.8cm
❷
2.8cm 1.8cm 2cm 4.5cm ❺
❹
❸ 1.8cm
3.5cm
2.2cm
1.7cm
3.8cm
0.9cm
❻

▨ · 얼굴과 몸통을 연결하기 위해 사선 표시 부분을 송곳으로 긁어서 잔털을 풀어준다.

```
0                    5                    10cm
```

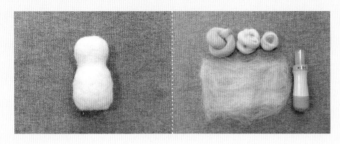

기본 도형

기본 몸통 베이스 만들기

① p177~178 ①~⑥번 곰돌씨 몸통 만드는 방법을 참고해서 베이스 양모를 만들어준다. 핑크, 연핑크, 연베이지를 섞고 가로, 세로로 깔아서 면으로 만들어준다.

Tip 통통 돼지의 모든 색은 1번과 같이 핑크, 연핑크, 연베이지를 사용한다.

베이스 색 입히기

② 베이스에 양모 면을 감싸주고 1, 3, 5구 바늘로 베이스를 균일하게 찔러서 색을 입힌다.

p178~179 ⑦~⑩번 곰돌씨 참고

다리 만들기

③ 양모솜을 원뿔 형태로 말아 다리 베이스를 만들고, 양모를 가로 방향으로 감아준다.

④ 1구로 찔러서 고정하고, 3구로 다리를 균일하게 찔러서 색을 입힌다.

다리 연결하기

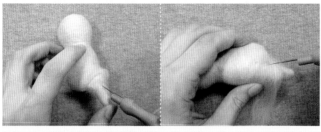

⑤ 몸통 모서리 부분에 다리 끝 부분을 펼쳐서 붙이고 1구로 깊게 찔러 고정해준다. 같은 색의 양모 소량으로 연결 부위를 돌려 감싸준다.

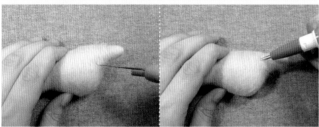

⑥ 몸통과 다리를 연결한 부분은 1, 3구로 찔러서 튼튼하게 고정한다.

귀 만들기

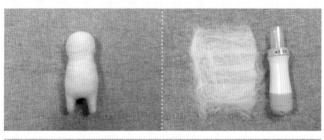

⑦ 다리 두 개를 모두 연결하고 전체 모양을 확인한다. 핑크, 연핑크, 연베이지색 양모 면을 얇게 완성해 귀를 만들 준비를 한다.

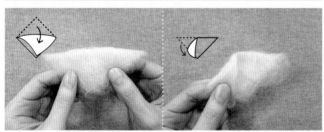

⑧ 정사각형 면을 반으로 잘라서 대각선으로 접어서 삼각형을 만들고, 다시 삼각형으로 접어준다.

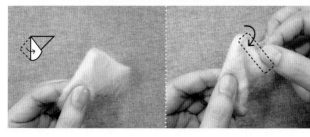

⑨ 남은 면에서 꼭짓점을 기준으로 다시 한 번 접고, 끝부분 양모를 살살 펼쳐서 삼각형 형상으로 그대로 감싸준다.

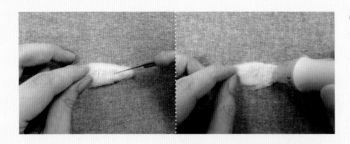

⑩ 1구로 가운데를 찔러서 고정하고, 5구로 찔러서 긴 삼각형 모양의 면을 만들어준다.

귀 연결하기

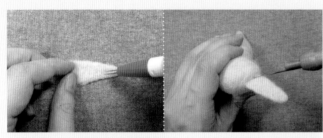

⑪ 2, 3구로 얇게 찔러서 귀의 잔털을 다듬어준다.
귀의 끝부분을 펼친 다음, 머리 위에 1구로 깊게 찔러서 고정해준다.

⑫ 귀의 아랫부분을 앞, 뒤로 찔러서 붙여주고 잔털은 3구로 찔러서 얼굴에 붙인다.

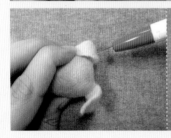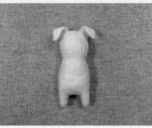

⑬ 귀는 중간에 살짝 꺾은 다음 1, 2구로 찔러서 앞쪽으로 내려오도록 만들어준다.

팔 만들기

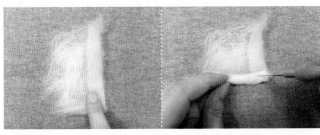

⑭ 팔을 만들기 위해 세로 방향으로 처음 1/3 부분만 살짝 접고, 시작 부분부터 가로로 막대 형태가 되도록 얇게 말아준다.

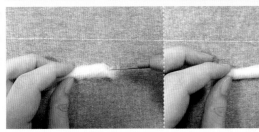

⑮ 팔의 끝부분을 1구로 찔러서 잔털을 넣어주고, 2, 3구로 균일하게 찔러 고정한다.

팔 연결, 코 만들기

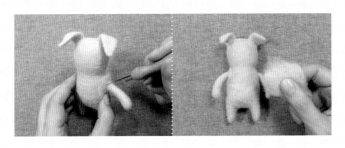

⑯ 팔의 끝부분 양모를 펼치고 몸통에 1구로 찔러서 두 팔을 나란히 붙인다. 작은 원 모양으로 면을 만들어 코 만들 준비를 한다.

코 연결하기

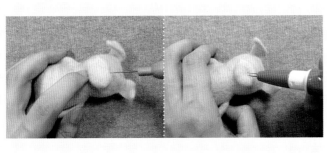

⑰ 타원형으로 접어서 코에 두께감을 주고 1구로 얼굴 중앙에 먼저 고정한다. 1구로 테두리를 돌아가면서 찔러 타원형 면적을 다듬는다. 3구로 코의 윗면 부피를 살짝 줄이며 찔러준다.

눈 연결하기

 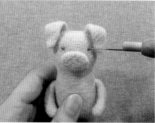

⑱ 눈은 청록색, 짙은 파란색 소량을 섞어서 동그랗게 말아 작게 만들고, 1구로 찔러서 붙인다.

⑲ 콧구멍은 다홍색 양모를 눈의 크기만큼 동그랗게 만든 다음, 1구로 찔러서 2개를 붙여준다. 양모솜으로 작은 원형과 납작한 원형을 하나씩 완성해 주방 모자 만들 준비를 한다.

주방 모자 만들기

⑳ 두 양모를 서로 붙이고 1구로 찔러서 고정해준다.
흰색 양모를 베이스에 감아준다.

주방 모자 색 입히기

㉑ 흰색 양모를 1, 3구로 균일하게 찔러서 주방 모자 형태로 색을 입혀준다.

주방 모자 라인 넣기 ||||||||||||||||||||||||||||||||||||||||||||||||||||||||||||||||||||

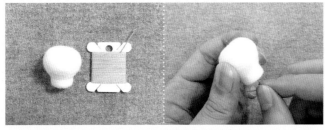

㉒ 주방 모자의 측면 라인은 실로 만들어준다. 아랫면부터 바느질을 시작한다.

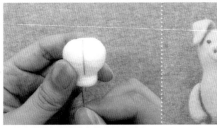

㉓ 주방 모자의 원형에 6등분으로 라인을 넣어서 완성한다.

바게트 빵 만들기 |||||||||||||||||||||||||||||||||||||||||||||||||||||||||||||||||||||

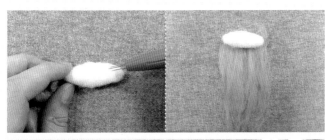

㉔ p186 ③번을 참고하여 양모솜 소량을 감아 1, 3구로 찔러서 고정하고, 베이지 양모를 감아준다.

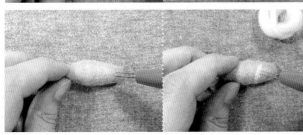

㉕ 베이지색 양모를 감고 2, 3구로 찔러서 색을 입힌다. 연베이지색 양모를 굵은 라인으로 찔러 넣어서 빵 중앙에 무늬를 표현한다.

앞치마 만들기 ||||||||||||||||||||||||||||||||||||||||||||||||||||||||||||||

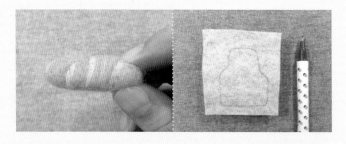

㉖ 무늬 세 개를 넣어 바게트 빵을 완성한다.
앞치마를 만들기 위해 양모지에 기화펜으로 라인을 그려준다.

앞치마 완성하기 ||||||||||||||||||||||||||||||||||||||||||||||||||||||||||

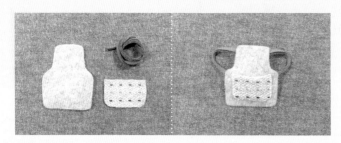

㉗ 양모지와 모직 원단, 가죽끈을 준비해준다. 주머니와 가죽끈에 글루건을 살짝 묻혀서 양모자 위에 붙인다.

주방 모자 연결하기 ||||||||||||||||||||||||||||||||||||||||||||||||||||||

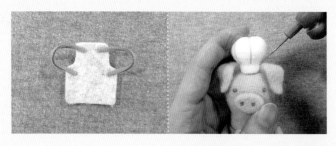

㉘ 모두 연결한 앞치마의 뒷모습을 확인한다.
주방 모자는 위에서 아래로 돌아가면서 1구 바늘을 이용해 대각선 방향으로 깊게 찔러서 붙인다.

파스텔로 볼 터치 ||||||||||||||||||||||||||||||||||||||||||||||||||||||||||

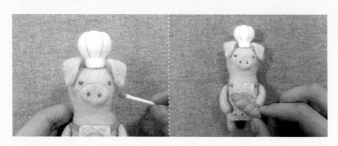

㉙ 면봉에 파스텔을 살짝 묻혀서 볼 터치를 하고 귀, 코도 살짝 발라준 후 마무리한다.

그노의 감성 양모펠트

1판 1쇄 인쇄 2019년 02월 01일
1판 1쇄 발행 2019년 02월 10일

지 은 이 박근호
발 행 인 이미옥
발 행 처 아이생각
정　　가 17,000원
등 록 일 2003년 3월 10일
등록번호 220-90-18139
주　　소 (03979) 서울시 마포구 성미산로 23길 72 (연남동)
전화번호 (02) 447-3157~8
팩스번호 (02) 447-3159

ISBN 978-89-97466-56-6 (13630)
I-19-01
Copyright ⓒ 2019 ithinkbook Publishing Co.,Ltd

i THINK
아이생각

D·J·I BOOKS
DESIGN STUDIO

굿즈
캐릭터
광고
브랜딩
출판편집

D·J·I BOOKS
DESIGN STUDIO
2018

J&JJ BOOKS
2014

I THINK BOOKS
2003

DIGITAL BOOKS
1999

facebook.com/djidesign